JN051587

Akimasa MORIHATA

森畑明昌

著

考え方から学ぶ
プログラミング講義

Lecture on
Basic Concepts of Programming
Using **Python**

Python ではじめる

東京大学出版会

Lecture on Basic Concepts of Programming Using Python

Akimasa MORIHATA

University of Tokyo Press, 2021

ISBN978-4-13-062460-2

まえがき

　プログラミングとその関連技術は近年ずいぶん注目されています。小学校でプログラミング教育が必修化されますし、IT 人材・AI 人材の育成も社会全体の課題だと言われています。しかし、IT 人材や AI 人材となるには、実際のところ何ができるようになればよいのでしょうか？

　学校で伝統的に学んでいるような科目では、学習での到達目標が想像しやすいことが多いです。算数であれば、日常的な計算——たとえばお店での売り上げの計算——ができるようになればよいでしょう。英語であれば、海外からの旅行者と少し話ができたり、英語の文章を少し読めたりすることを目指したいです。地理であれば、さまざまな地域の特徴や特産品などについて多少なりとも知ることが目標になるでしょう。しかしプログラミングは、そのような明確な到達目標はあまりありません。比較的新しい分野なので、定番の学習内容がないということもあります。が、より本質的な問題は、**「プログラミング」はただの技術でしかなく、それを活用する知識や思考法なしでは役に立たない**ことにあります。

　英語と比較してみましょう。確かに英語もそれ自体はただの技術ですが、私たちが人類である以上、活用は難しくありません。英語でのコミュニケーションも、英文を読むことも、究極的には人間同士のやりとりに過ぎないわけですから。しかし、プログラミングは違います。単にプログラムの字面の意味がわかっても、それだけではせいぜいコンピュータで遊ぶことしかできません。プログラミングを活かすには、それを動かす**コンピュータのしくみ**や、私たちが本当にやりたい現実のことを**プログラミングに落とし込む技術**を知る必要があります。しかし、それらをすべて、しかも簡単に学べる本はこれまで少なかったかと思います。

　本書は、プログラミングはもちろん、それを活かすための知識や考え方も、すべて同時に最短距離で学べるものを目指して執筆いたしました。本書を学ぶことで、プログラムの表層的な書き方だけではなく、コンピュータが得意・

不得意としているのはどのようなことなのか、なぜ世の中にはさまざまなプログラミング言語があるのか、また現実の問題にコンピュータを使おうとするとどのようなところで失敗しがちなのか、などを包括的に知ることができるはずです。

　本書は、これからプログラミングや情報技術を学ぼうとする方には、もちろんお勧めできます。しかしそれだけではありません。以前少し学ぼうとしたが挫折してしまった方、忘れてしまった方などには**さらに**お勧めできます。というのは、以前の挫折は**プログラミングを活かす考え方までたどり着けなかった**ためであり、本書によってそれが補われる可能性が高いからです。また、本書は入門書ではありますが、その先に繋がるような話題——専門用語で言えば、計算量や機械学習など——も端々にちりばめてあります。そのため、ある程度プログラミング経験のある方が読んでも多くの発見があるのではないかと思います。

　なお、本書の内容訂正などの補足情報はサポートページ（`http://www.utp.or.jp /book/b590055.html`）にて公開しております。本書に現れるプログラムもダウンロードできますので、ぜひご活用ください。

　本書の執筆にあたっては、その企画から構成に至るまで、東京大学出版会の岸純青さんに全面的にサポートしていただきました。岸さんなしには、本書が世に出ることはありませんでした。心から感謝いたします。

　2021 年 7 月

森畑明昌

目　次

第1章 プログラミングへのいざない

1.1 なぜプログラミングを学ぶのか

　本書は「プログラミングに興味はあるが、今までプログラミング経験はほとんどない」ような方に向けて書かれています。そのような方の中には、プログラミングを学ぶとどんなよいことがあるのか、やや懐疑的な人もいるかもしれません。もちろん、プログラミング以外のさまざまなこと——たとえばスポーツとか、語学とか、芸術鑑賞とか——も有意義でしょう。とはいえ、プログラミングから得られるものが多いことは間違いありません。

　まず、プログラミングはもちろん**役立ち**ます。コンピュータを使った仕事や作業には、少しのプログラミングで劇的に簡略化できることがたくさんあります。私の場合も、課題の採点や成績の集計、ウェブページの更新などに自分の作ったプログラムを日々利用しています。いまどきコンピュータを使わないことの方が少ないぐらいですので、コンピュータをより有効活用できるというのは大きなメリットになります。もちろん、自分にとって役に立つだけではなく、収入に繋がる可能性もあるでしょう。仕事を得るための「資格」としては、プログラミングスキルは現状かなりコストパフォーマンスがよい、つまり仕事を得やすい割に習得しやすい、ものだと思います。

　さらに、プログラミングはとにかく**面白い**です。実際、「プログラマ」と呼ばれる人の多くは、仕事でプログラムを書くだけでは飽き足らず、趣味としてもプログラムを書いています。自分でデザインしたプログラムが、さまざまな苦労をへて、上手く動いたときには大きな達成感があります。しかも、そうやって自分が作ったプログラムを実際に仕事や遊びに使えるのです。自分向けに設計された既製品にはないものを使う、そして必要に応じてそれを改

善し続けられるとなると、愛着も出てきます。

　また、プログラミングにはパズルのような知的遊戯としての面白さもあります。プログラムの作成には、小さなピースを組み合わせてゆくジグソーパズルのような側面もあり、また手がかりを元に可能性を推論する論理パズルや数独のような側面もあります。そのため、頭を使う遊びが好きな人は、プログラミングも好きになることが多いようです。パズルをより難しくするため、何らかの制約をあえて加えて（たとえばできる限り短いプログラムを書く、など）プログラミングをしている人までいるぐらいです。

　プログラミングを自己表現として行っている人もいます。プログラミングは、日本語や英語とは違いますが、ある種の文章を作るものではありますので、表現に凝ったりすることが可能です。普通の人が書かないような面白いプログラムを作ることもできますし、読みやすさ・理解しやすさに徹底的にこだわることもできます。「美しい」プログラムを追求することだってできます。プログラマは多かれ少なかれ自分なりのこだわりを持ってプログラムを書いています。

　さらに、プログラミングを学ぶことで、コンピュータをよりよく知ることができます。現代社会はコンピュータの活用を前提にしていますので、コンピュータをよりよく知ることは、現代をよりよく理解することに繋がります。たとえば、情報技術を使って業務や生活を改善できる可能性はあるのか、インターネット上で「危ない」とされることはなぜ危ないのか、人工知能（AI）・機械学習技術の強みと限界はどのあたりにあるのか、なぜしばしばプログラムのミスが理由で大きな事故が起こるのか、といったことは、プログラミングを学ぶことで、完全に理解できるかどうかはさておき、よりよく理解できるようになります。プログラミングは**新しい視野を与え、世界を広げてくれる**といえるでしょう。

　実は、プログラミングの知識は**プログラミング以外でも役立ち**ます。プログラミングスキルとは「コンピュータのような空気をまったく読まない相手に自分の意図どおりの仕事をさせる技術」ですから、仕事のマニュアル化や、前提をあまり共有していない新人・外注先などへの仕事の発注などの際に活きてきます。また、論理的に推論することが重要になりますので、囲碁や将棋などのゲームや、数学などにも役立つと言われています。

　プログラミングの特徴の1つとして、前提として求められるものが少ない、という点も挙げられるでしょう。たとえば、プログラミングは1人でできます。仲間と一緒にやる趣味も楽しいものですが、そういう趣味は仲間がいろいろな理由（たとえば仕事や育児が忙しくなるとか、体調を崩すとか）で集まらなくなると、続けるのが難しくなってしまいます。また、プログラミングは、持病があったり体の動作に不自由があったりしても行いやすいです。年齢の影響も小さく、若者から高齢者まで同じように楽しむことができます。この点もプログラミングの小さくないメリットだと言えるでしょう。

1.2　本書のアプローチ

　世には星の数ほどのプログラミング入門書があります。その多くは、特定のプログラミング言語、または特定の目的のためのプログラミングを学ぶことを目的としています。もちろん、そのプログラミング言語を今まさに使おうとしている場合や、その目的のためのプログラムを今まさに作ろうとしている場合には、それらは非常に役に立ちましょう。しかし、**プログラミングの本質を学び理解する**という観点からは少々迂遠だと思います。

　たとえ話で説明させてください。世にはいろいろなプログラミング言語がありますが、それらは「プログラミング」という国の方言のようなものです。つまり、「○○言語で作る△△」というような本は、「大阪弁でのビジネス会話[1]」というようなものだとイメージすればよいでしょう。この本は近畿地方でビジネスをしたい人には非常に役に立つでしょう。しかし、「日本語」を学びたい人や、「日本」について学びたい人にとって、どれくらい有益でしょうか。むしろ大阪特有の文化やビジネスシーン特有のやりとりを日本全体で普遍的だと誤解することになったりしないでしょうか。

　本書のデザインはそれらの本とは異なります。本書は**まったく前提知識のない人がプログラミングを学び理解するための最短距離**を目指しています。そのため、特定のプログラミング言語・特定の目的に依存した内容はできる

---

[1] 私は関西で生まれ育っており、大阪弁に悪い印象はまったくない（むしろどちらかと言えば好きだ）ということは強調しておきます。

限り避けています。ただ、残念なことに、プログラミング言語の世界には「共通語」のようなものがありません。そこで本書では（仕方なく）Python というプログラミング言語を使います。とはいえ Python を使っているのは本質的ではなく、また本書の内容はいかなる意味でも Python に特化したものではありません。

　プログラミングを理解するにあたっては、プログラムの書き方以外にも知るべきことがあります。まず、プログラムがコンピュータを操作する物である以上、コンピュータについてのある程度の知識は必須でしょう。コンピュータを理解することで、人類がなぜプログラムを書く必要があるのか、その際にどのようなことに注意が必要なのか、などを知ることができます。また、プログラムを作る際には、どのようにプログラムをデザインし構成してゆくのか、という考え方が非常に重要になります。これらの知識や考え方は、プログラミング言語やプログラミングの目的が違っても共通です。そのため、一度これらを学んでおくことは、別のプログラミング言語を学ぶことになったり、異なる目的でプログラムを作りたくなったりしても、まったく無駄にはなりません。

　以上のことをふまえ、本書では Python でのプログラミングを学びますが、Python 特有の要素は極力避け、力点はむしろコンピュータやプログラミング言語についての基本的な知識やプログラミングのための基本的な考え方の習得においています。今までまったくプログラミングをしてこなかった人でも、本書を学べばプログラミングの基本的な概念や考え方を一通り知ることができるでしょう。また、今まで我流のプログラミングをしてきた人であれば、本書によってプログラミングの世界の広がりを垣間見ることができるかと思います。

1.3　プログラミングの学び方

　話す相手が外国人かコンピュータか、という違いはありますが、プログラミング言語を学ぶのはやはり語学です。そのため、英語などの外国語と同じようにして学ぶことになります。

　まず最初は、基本的な単語や例文を学びます。語学である以上、最低限の単語や構文を覚えないことには話が始まりません。とはいえ、外国語の場合に

比べれば、覚えるべき単語や構文はわずかです。基本的な単語や構文を学ぶ
過程では、外国語を学ぶ場合と同様、まずは教科書等にある基本例文を学び、
その例文を少し変化させるとどのような意味になるかを確認してゆくのがよ
いでしょう。なお、プログラミングの場合、ネイティブにあたるコンピュー
タに気兼ねなく質問できますので、いろいろな可能性を自由に試しながら学
ぶことができます。

　基本的な単語や構文を覚えたら、それをどのように組み合わせれば大きな
プログラムを構成できるのか、その考え方を学ぶことになります。実現した
いことが複雑になってくると、それをどうやってプログラムに落とし込んで
いけばよいのか、すぐにはわからなくなってきます。その際には、いわゆる
「文章作成技術」のような技術が必要になります。伝えたい論旨があったとし
て、それを（たとえば）序論・本論・結論に分解し、またそれぞれの部分を
適切な段落から構成し……といった具合です。実はプログラミングを学ぶ際
に本当に難しいのは、単語や構文を覚えることではなく、この**「大きなプロ
グラムを構成する技術」**を習得することなのです。そのため、プログラミン
グの学習では、実際にある程度の規模のプログラムを作成してみることが重
要になってきます。

　「大きなプログラムを構成する技術」がいかに重要かを知るために、株価を
分析して一儲けするプログラムを作ることを想像してみましょう。このよう
に目的がわかりやすいものであっても、プログラム作成の方針は簡単には決
まりません。プログラム中で「株価」はどう表現すればいいのでしょうか？
「株価の変動」とは？　儲けられそうな状況はどう分析すれば見つかるでしょ
うか？　分析結果はどう表示すればよいでしょうか？　時々刻々とデータを取
得するには？　マウスで操作できるようにするためには？　考えるべきこと
はいくらでもあります。しかも、個々の要素が問題なくプログラムできるだ
けでは不十分です。全体が論理的に整合していなければプログラムは正しく
動作しません。少し複雑なプログラムを作り始めると、全体はすぐに数百行
とか千行とかになってしまいます[2]。しかし、実際のプログラミングの過程

---

[2]なお、大規模なソフトウェアであれば、プログラムが数十万行単位になることもまっ
たく珍しくありません。

では、その中のまず数行、という単位で書き進めてゆくしかないのです。一度にすべてを書き切ることはできませんから、以前書いたプログラムの続きを書き足すことになったり、間違いを修正することになったり、といったことも必要となります。以上のような状況を考えると、ある程度の規模のプログラムを作る際には、プログラムの全貌を大まかにデザインしつつ全体と整合するように各部分を構成してゆく技術、というものが必須であることがわかっていただけるかと思います。

外国語を学ぶ際には「興味のあるものに外国語で触れる」ことがしばしば勧められます。たとえば、映画が好きな人だったら海外の映画を字幕（可能ならその外国語の字幕）で見るのがよい、スポーツが好きな人なら好きな競技の外国語での中継を見るのがよい、などといった具合です。プログラミング言語についても同様で、興味のある内容、自分がコンピュータにやらせたい処理に関するプログラムを書くのがよいでしょう。プログラムを書くのは頭をフル回転させることになりますので、正直に言ってかなり疲れます。しかも、苦労して書いたプログラムは大抵どこか間違っていて、その間違いを修正するためにもう一苦労させられることになります。このような苦労を乗り越えるためには、やはり自分が興味を持てるような目的があることが望ましいでしょう。

1.4 本書の構成

本書は大きく 3 つの部分から構成されています。

最初の部分である第 2 章と第 3 章では、プログラミングの背景となる基礎知識として、コンピュータやプログラミング言語の基本的な仕組みなどを説明しています。プログラミングを楽しみたいだけなら、この部分は読み飛ばすこともできます。しかし、プログラミングを通じてコンピュータの織りなす世界に足を踏み入れたいのでしたら、この部分はその助けになるでしょう。

次に、第 4 章から第 8 章までは、本書の主題であるプログラミングそのものについての内容です。第 4 章ではまず Python の基本的な単語や構文を学びます。実は単語や構文を学ぶのはここだけです。その後、第 5 章以降はすべて、大きなプログラムを構成する技術、達成したい目標をプログラムに落と

し込む技術について説明しています。この部分では、考え方の部分が特に大事です。そのため、具体的なプログラムを作成して動作を確かめるだけでなく、どのようにプログラムをデザインするのかという部分をぜひ感じてほしいと思います。なお、第5章から第8章については、前から順に読む必要はまったくありません。興味のあるトピックから順に取り組むのがよいでしょう。ただし、後半の章ほど少しずつ高度な内容にはなってはいます。

最後の部分は付録です。第4章から第8章はPythonをプログラミング言語として採用してはいるものの、「Pythonプログラミング」を解説するものにはなっていません。むしろ、言語によらず使えるような一般的な考え方、アプローチについて説明しています。これに対し、付録ではPythonプログラミングについて解説しています。この部分は、外国語を学ぶ場合にたとえれば、辞書と文法書をまとめたような物に対応するでしょう。本書の主題である「プログラミングを理解すること」からすれば、この部分は蛇足と言えなくもありません。しかし、実際にさまざまなPythonプログラムを書きたい、という場合には、この部分が役に立つのではないかと思います。

第2章 コンピュータとは何か

2.1 コンピュータの今昔

　皆さんが本書を手に取った動機は、おそらく、コンピュータを自由に操りたい、コンピュータを理解したい、といったものでしょう。プログラミングは確かにコンピュータを自由に操る唯一無二の手段ですし、またそれを通してコンピュータの理解を深めることもできます。一方で、プログラミングにあたっても、コンピュータのことをある程度知っておくのが望ましいです。たとえば自動車について「ガソリンを燃やして得たエネルギーでタイヤを回転させて進む」というぐらいのことを知っておくのは、自動車を運転する上で、また予想外のトラブルが起こったときに対処する際などにも、大いに役に立つでしょう。コンピュータについても同様で、ボタンを押すと結果が出てくる魔法の箱だと思っていては、いつまでたってもコンピュータを自由に操作できるようにはなりません。本章を通して見てゆくことになりますが、幸運にして、コンピュータは概念上はそれほど複雑なものではありません。

　まずは少しだけ歴史をひもといてみます。「世界初のコンピュータは何か」には諸説ありますが、人類最初期のコンピュータとしては 17 世紀頃にパスカルやライプニッツが作成した（とされる）ものが挙げられることが多いようです。これらは、特殊な形状の歯車の回転によって、足し算等の計算を行うものでした。この機構は時代が下るに従って洗練されてゆき、20 世紀半ばには手回し式計算機が広く使われるようになりました。また 20 世紀後半には計算機構が電気回路で実現されるようになり、電卓が家庭などでも広く使われるようになりました。

　さて、手回し式計算機などの歴史的なコンピュータと現代のコンピュータ

図 2.1　パスカルの計算機　　　　図 2.2　タイガー手回し計算機
（著作権者：David. Monniaux、　　（著作権者：Momotarou2012、
　　　　　Wikipedia より）　　　　　　　　　Wikipedia より）

の違いは何だと思いますか？　いろいろな答えがありうると思いますが、大
きく分けると以下の 3 つのどれかになるのではないでしょうか。

- 性能の違い：現代のコンピュータは、それまでのコンピュータに比べて
  はるかに多くの計算をはるかに高速に処理できます。
- 構造の違い：現代のコンピュータは歯車のような機械式ではなく、半導
  体による電気回路に基づいています。
- 用途の違い：現代のコンピュータは、数の計算だけでなく、ワープロ、イ
  ンターネット、動画視聴、ゲーム、その他あらゆる用途に使うことがで
  きます。

この 3 つの違いはいずれも現代のコンピュータを理解する上で非常に重要な
点になっています。順に見てゆきましょう。

2.2　コンピュータとその性能

　まずは性能についてです。現代のコンピュータは確かに非常に高性能です。
このことは、人間にとって実際に本質的な違いを生み出しているところがあ
ります。
　例としてテレビのデジタル放送を挙げましょう。デジタル化される前のテ
レビ放送はアナログでした。アナログ放送は、糸の代わりに電波を使う糸電
話のようなもので、原則として放送内容が「そのまま」電波として送られて

きて、家庭のテレビでそれを「そのまま」表示するものでした。アナログの放送が絶対に悪いということはないのですが、アナログ故の欠点もありました。たとえば、原理的に画質や音質が上げにくい、電波の受信しやすさによる影響が大きい、録画等すると画質や音質が劣化する、などといったものです。これに対し、現代のデジタル放送では、放送内容そのものではなくそれを「データ」化したものを送受信することで、電波状況が比較的悪くても高画質・高音質の放送を楽しめるようにしています。

　アナログとデジタルの違いは、大きな荷物（たとえば本棚などを想像するとよいでしょう）をどこかに送りたいとき、そのまま送る（アナログ）か、いったんバラして部品ごとに送るか（デジタル）、というようなイメージで理解してもらえればよいかと思います。アナログは簡便ですが、狭い廊下の奥の部屋に運び込むのは大変です（つまり電波状況に影響されやすい）。一方、デジタルであれば、狭い廊下でも小分けにして運び込むことができます（つまり電波状況に影響されにくい）。その代わり、部屋に運び込んだ後に部品から荷物を組み立て直す必要が出てきます。現代のデジタルテレビ放送では、この「組み立て直し」の作業をテレビに内蔵されたコンピュータが行っています。このコンピュータの性能が悪いと、生放送をリアルタイムに楽しめなくなってしまいます。つまり、デジタル放送が問題なく実現できているのは、近年コンピュータの性能が高くなり、安価で高性能なコンピュータをテレビに組み込めるようになったことも一因だったのです。

　同じようなことは他にもさまざまな場面で起こっています。たとえば、最近の自動車は人や障害物などに衝突しそうな状況を検知するシステムが入っていますが、これもコンピュータの高性能化によって可能となっています。衝突の検知のためには、車載カメラの画像を詳しく分析し、障害物が近づいている状況を発見するようなことをしているのですが、これにはかなり複雑な計算が必要になります。もしコンピュータの性能が悪く、衝突しそうだと気づくのに数秒かかるとしたら、計算している間にぶつかってしまうでしょう。また、最近のデジタルカメラには被写体の顔を自動的に見つけてフォーカスを合わせる機能がありますが、これもコンピュータによる画像の分析によって実現しています。もしコンピュータの性能が悪いために顔の検出まで1分かかるとしたら、この機能は誰も使いたがらないでしょう。

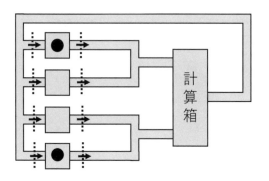

図 2.3　ビー玉サーキットによる簡単なコンピュータの概念図。ビー玉（黒丸）、
ビー玉が流れるレール、ビー玉が入るケース（四角）、ビー玉をせき止めるゲート
（点線）、および計算箱からなる。

　このように、コンピュータの高性能化は、コンピュータの利用が実際に有
益になる場面を大きく広げています[1]。そのため、コンピュータの利用やプ
ログラムの作成にあたっては、「それはコンピュータでの処理にどの程度の時
間・コストがかかるのか？」という視点は非常に重要になります。

2.3　コンピュータは電気回路

　さて、確かに現代のコンピュータは大規模・高性能なものなのですが、原
理だけを見れは案外単純です。小さな物であれば、電気回路なしで、人手で
作ることも不可能ではありません[2]。以下では、コンピュータの動作原理を
ビー玉転がしでたとえて説明します。後ほど説明しますが、ビー玉転がしは
ちゃんと現代のコンピュータの動作に対応します。

　いま、たくさんのビー玉が転がるサーキット（回路）を考えます。レール
があちこちに張り巡らされており、ビー玉はその上を縦横無尽に転がるもの

---

[1] 一方で、「コンピュータには**原理的に**何が可能か」には現代のコンピュータの高性能化
はほぼ影響を与えていません。この点については専門的には面白い話がたくさんあるの
ですが、本書の範囲を超えるので割愛します。

[2] 実際ドミノ倒しでコンピュータを作ろうというプロジェクトがあるぐらいです。とは
いえ、ドミノ倒しでは説明がちょっと煩雑になりますので、本書ではビー玉転がしの比
喩を採用しています。

です。イメージを図 2.3 に示します。

　私たちの目的は、ビー玉が転がるさまを通してコンピュータを――とりあえずは計算（たとえば足し算）を――実現することです。このためには、ビー玉が無秩序に転がっては困ります。意図どおりにビー玉を転がすため、必要のないビー玉を入れておくケースや、ビー玉が転がるのをせき止めるゲートを用意します。

　図 2.3 では、ビー玉が入るケースを小さな四角（縦に 4 つ並んでいるものです）で表しています。この中にはビー玉（黒丸）が入っているものも入っていないものもあります。これにレールが繋がっており、さまざまな場所にビー玉が転がってゆけるようになっています。なお、ケースには左からビー玉が入り、右から転がり出るとしてください。

　ビー玉ケースは、コンピュータ中で扱うデータを記憶するために使います。たとえば、コンピュータを使って数を数えるなら、「ビー玉がケースに入っている」状況を 1、「ビー玉がケースに入っていない」状況を 0 に対応させることになるでしょう。話が面倒にならないよう、各ケースには 1 個しかビー玉が入らないものとします。つまり、ケースは空か、ビー玉が 1 個入っているかのどちらかです。1 つのケースで記憶できる情報はごくわずかです（この情報量を 1 **ビット**と呼びます）。そのため、通常はいくつかのケースを並べ、それらをまとめて運用しています。たとえば、現代のコンピュータなら 64 個のビー玉ケースが 1 単位になっているのが普通です。これによって 2 以上の数も数えられるようになります。

　ビー玉を転がすレールも、ケースと同様、一度には 1 つずつしかビー玉が流れないとしましょう。ちなみに、64 個のケースが 1 単位になっている場合、レールも 64 本を 1 単位としてまとめます。ビー玉が勝手に転がり出さないよう、また転がってきたビー玉が間違ったケースに転がり込まないよう、各レールにはゲートを付けます（図中の点線）。これらゲートは日頃は閉じています。

　ゲートが開くと、ケースからビー玉が転がり出て、「計算箱」と書かれた箱に転がり込みます。この箱は、ビー玉で計算をするための特別な仕掛けがあり、その仕掛けに従ってビー玉が転がり出ます。といってもそれほど大した物ではありません。少しビー玉の動きを切り替えるだけです。

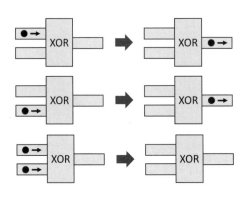

図 2.4 XOR の入力と出力の関係

　具体例として、XOR（排他的論理和）と呼ばれるものを紹介します。この箱は、2 つの入力レールのどちらか片方だけからビー玉が流れてきたときに、出力レールにビー玉を流します（図 2.4）。つまらないものに見えるかもしれませんが、実はこれがコンピュータの計算で重要な役割をになっています。「ビー玉あり」を 1、「ビー玉なし」を 0 だと思うと、この素子は 2 つの入力の足し算に対応するのです（図 2.5）！　ただし、入力が両方 1 の場合（つまり両方のレールからビー玉が来たとき）は注意が必要です。出力は「2」であるべきなのですが、「2」は 0 か 1 では、つまりビー玉の有無ではうまく表せません。そこでコンピュータは「2 進数」の考え方を採用することで、「2」は 2 桁の数「10」（「じゅう」ではなく「いちぜろ」です）で表します。そして、XOR 素子は、この数の 1 の位に対応する「0」を出力しています。少し複雑ですが、筆算で「23＋17」を計算するときに、1 の位の「3＋7」が 10 になってしまうので、とりあえず 1 の位には 0 を書き、10 の位に 1 繰り上げる、という仕組みとまったく同じです。

　なお、2 桁以上の足し算も XOR をいくつか並べることで実現できます[3]。これも、まさに筆算と同じやり方です。筆算では、1 の位から順に、1 桁の足し算を繰り返してゆくことで、3 桁や 4 桁の足し算を行います。これと同じ

---

[3]繰り上がりを表現するために、追加で AND と呼ばれるものも使いますが、理屈はほとんど同じです。

$$0 \quad + \quad 0 \quad = \quad 0$$
$$1 \quad + \quad 0 \quad = \quad 1$$
$$0 \quad + \quad 1 \quad = \quad 1$$
$$1 \quad + \quad 1 \quad = \quad 2 \quad = 10 \text{（2進数）なので、1の位は0}$$

図 2.5 1桁の足し算（2進数）

ように、コンピュータも（2進数の）1桁の足し算を繰り返すことで大きな数の足し算をしているのです。

　兎にも角にも、「計算箱」からは何かしらビー玉が転がり出てきます。このビー玉はぐるっと回ってゲートが空いているケースに転がり込みます。コンピュータは、これを1サイクルとして、これを何度も何度も何度も何度も繰り返すことで、計算を進めています。

　計算を何度も進める過程では、ゲートを開閉するタイミングが大変重要になります。ゲートを開けすぎると、本来するべきでない計算をしてしまったり、間違ったケースにビー玉が入ってしまったりします。しかし、ゲートを閉じすぎると計算が進みません。そのため、コンピュータにはゲート開閉のタイミングをつかさどる時計（**クロック**と呼びます）があり、これに従ってゲートを操作しています。コンピュータを買う際、性能の目安として「クロック周波数3GHz」といった表記を見かけると思いますが、これがこの時計のことです。たとえば3GHzなら30億分の1秒ごとにタイミングを計りゲートを操作しています。

　ここまで、ビー玉サーキットで足し算をするコンピュータを考えてきました。先ほども述べましたが、このビー玉サーキットは現代のコンピュータともちゃんと対応するものです。表2.1を見てください。本物のコンピュータでは電気（特に電圧の高低）をビー玉の代わりに使います。しかし、それ以外は大差ありません。ビー玉が転がるレールの代わりには電気の導線を使い、ビー玉ケースの代わりには電気を蓄える回路を使います。ビー玉のゲートは電気回路のスイッチに対応します。計算箱、たとえばXORなどは「半導体」と呼ばれる特殊な金属で実現しています。クロックにいたってはコンピュータもビー玉サーキットもまったく同じです。本物のコンピュータは、ビー玉サーキットを電気で再現したものだと思ってもらってもよいでしょう。

表 2.1　コンピュータとビー玉サーキットの対応

本物のコンピュータ	ビー玉サーキット
電気	ビー玉
電気の導線	レール
電気を蓄える回路	ビー玉ケース
電気のスイッチ	ゲート
電気の流れを切り替える半導体素子	計算箱
クロック	クロック

　もちろん、実用上はビー玉ではなく電気を使っていることは大変重要な差です。ビー玉ではちょっと傾いたり揺れたりするだけで処理がおかしくなってしまいますし、小さなビー玉を大量に転がすことも、1 秒間に数億回ゲートを操作することもできないでしょう。電気回路と半導体というしくみが利用できたことで、大規模で高性能なコンピュータが実現できています。

　ともあれ原理的には以上がコンピュータのすべてです。コンピュータでは、ゲート（電気スイッチ）の開閉を 1 秒間に数十億回行い、ケースに蓄えたビー玉（電気）をあっちに転がしたりこっちに転がしたりしている、ただそれだけの（電気）回路なのです。

2.4　電卓とコンピュータを分けるもの

　手回し式計算機や電卓は数の計算をするだけのものでした。数の計算であれば、2.3 節で見てきたコンピュータの原理で実現できそうでした。しかし、これはせいぜい「電気仕掛けで自動的に動くそろばん」程度の物でしかありません。私たちが「コンピュータ」という場合、計算はもちろん、文書作成・メール・インターネット・動画視聴・ゲームなど、さまざまなことができるものを想像するでしょう。このような「コンピュータ」は、「電気そろばん」とは何かしら本質的に違うところがありそうなものです。そうでなければ、そろばんでも（人力では大変かもしれませんが）インターネットや動画視聴ができることになってしまいます。

　実は、現代のコンピュータとそろばんや電卓には、たった 1 つだけですが

決定的な違いがあります。それは、コンピュータは、**計算を自律的に進める**という点です[4]。そろばんの場合、どの珠をどう動かすかは操作する人間が判断しています。電卓であっても、やはり人間がどのキーを操作するかによって、どのような計算が行われるかが決まっています。しかし、コンピュータは違います。次にどのゲートを開閉するかは、自身が保持しているデータによって、つまりある特別なケースの一群にどのようにビー玉が入っているかによって決まります。さらに、その特別なケースにどのようにビー玉を蓄えるかも、自身のゲートの開閉によって、つまりその特別なケースにどのようにビー玉が蓄えられているかによって決まるのです![5]

ビー玉サーキットの比喩で語るなら、特別なケースにビー玉が入るとその重みでどこか別のゲートが開く、というような仕掛けを想像してもらえばよいかと思います。あるケースにビー玉が入ったのでこのゲートが開いてビー玉が転がりだす、そのビー玉が別のケースに入ったことで別のゲートが開く、それによって別のビー玉が転がりだし……というようなことを延々と続けるのが、コンピュータのやっていることなのです。

なお、この特別なケースにどのようにビー玉を蓄えるか、ひいてはコンピュータにどのような手順で計算を進めさせるかを司るものが、本書の主題である**プログラム**です。そして、このように計算を進めるコンピュータを、プログラムをデータとして記憶（内蔵）した状態で計算を行うことから、**プログラム内蔵方式**のコンピュータと呼びます[6]。

---

[4] なお、計算を自律的に進めるコンピュータは第二次世界大戦頃から使われています。現代の人工知能ブーム等とはまったく関係ありません。

[5] この説明には納得できない人もいるかもしれません。私たちは、電卓やそろばんと同様、日々コンピュータをマウスやキーボードを使って「操作して」いるのですから。しかし残念ながら、マウスやキーボードはコンピュータを「直接」操作するものではありません。あくまで、コンピュータが自分の特別なケースのデータを決めるに当たって「参考にする」に過ぎないのです。実際、マウスやキーボードをどんなに操作してもコンピュータがまったく反応してくれなくなった経験はないでしょうか。そのようなことは、コンピュータがマウスやキーボードの操作を確認しないまま計算を進め続けているとき（つまり、特別なケースの中身が「マウスやキーボードを確認せよ」に対応するデータにならないまま計算が進んでいるとき）に起こるのです。

[6] この方式の発明者の1人の名前をとった**フォンノイマン型**コンピュータという呼び方も広く使われています。

　プログラム内蔵方式であることは、それほど本質的な差には感じられない
かもしれません。プログラム内蔵方式で実現できることは、それと同じ手順
で手動でゲートを開閉することで、プログラム内蔵方式でなくても行えるの
ですから。しかし、現実にはこの差はとてつもなく大きいです。プログラム
内蔵方式でない場合、自動的に行える処理は事前に準備された機能だけです。
たとえば電卓の場合、事前に用意されたキーに対応する計算しか自動的には
行えません。それ以上の計算がしたければ、人手で操作する必要があります。
しかし、プログラム内蔵方式の場合、うまく自律的に計算し続けることさえ
できれば、事前に電気回路としては準備されていない、さまざまな処理を自
動化できる可能性があります。そのため、汎用のコンピュータとして使える
可能性があるのです。

　汎用コンピュータの可能性がある、といっても、実際に用意されている機
能はごく単純な計算（たとえば足し算）に過ぎません。足し算を自律的に繰
り返すことで、そんなにいろいろなことができるのでしょうか？　驚くべき
ことですが、この問いに対する答えは「Yes」です。実際のところ、この数十
年のコンピュータの発展は、プログラム内蔵方式のコンピュータがいかにさ
まざまなことを効率よく自動的に処理できるか、の発見だったといってもよ
いでしょう。そしてそれを支えたのは、まさに本書で学ぶ内容である、「プロ
グラムをうまく作る方法」にほかならないのです。

　ここまでの話をまとめます。現代、コンピュータがこれほど広く使われて
いるのには大きく 3 つの理由があります。まず第一に、プログラム内蔵方式
により、（規模や能力が高まれば）非常に広い用途に使えるように設計され
ていること。次に、コンピュータの構成要素が、たとえばそろばんの珠や歯
車、ビー玉のようなものではなく、小さく密度高く構成できる電気回路であ
ること。そして、半導体技術などの発展により、実際に大規模で高性能なコ
ンピュータが構成できたことです。プログラム内蔵方式であっても、大規模
化・高性能化がなされなければ、実際にさまざまな用途に使うことはできま
せんでした。そして、大規模化・高性能化を支えたのは、電気回路とその上
の単純な半導体としてコンピュータが構成できたことなのです。

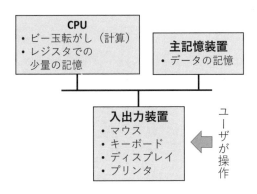

図 2.6　コンピュータの構造の模式図

2.5　CPU・記憶装置・入出力装置

　さて、せっかくなのでもう少しコンピュータの理解を深めましょう。図 2.6 にコンピュータ全体の模式図を示しました。

　ここまで「コンピュータ」として説明してきたものは、通常**CPU**（Central Processing Unit、中央演算処理装置）と呼ばれる部分に対応します。これはコンピュータの心臓とも言える部分で、まさに計算を行っています。つまり、ビー玉を高速に転がし続けているのが CPU だと思ってもらって構いません。

　実際にコンピュータを利用することを考えると、CPU だけでは少し困ります。コンピュータでは大量のデータを保持・処理したいのですが、それを全部 CPU に覚えさせるのは、実は少々無駄なのです。大量のデータを処理するのが目的だとしても、CPU が各瞬間に処理しているのは 1 つのデータでしかありません。つまり、すべてのデータを CPU が覚えるのは、CPU にとっては無駄なデータを常にたくさん覚えていなければならないことになります。これは、行列のできるお店だったとしても、そのお店の側は 1 人ずつお客に応対することになる、という状況に似ています。どうせ 1 人ずつしか相手しないのなら、お店を広くするのは無駄が多いでしょう。

　このような問題を解決するために、コンピュータではデータの記憶は**記憶装置**という特別な部分に任せています。もちろん CPU もデータを記憶できます

（ビー玉を蓄える「ケース」のことで、**レジスタ**と呼ばれます）が、本当に直近の計算に必要な、ごくわずかなデータだけを扱っています。

　記憶装置には大きく分けて 2 種類あります。1 つは**主記憶装置**（いわゆる「メモリ」）で、コンピュータが計算を行う際のデータを記憶してい

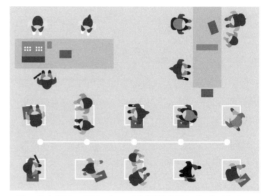

データも客も一度にすべてを処理することはできない

（alexlmx/PIXTA（ピクスタ））

る場所です。CPU は必要に応じて主記憶装置からデータをレジスタに移動させ、計算を行い、計算結果を主記憶装置に書き戻します。しかしながら、私たちが使いたいデータを全部主記憶装置に置いておくのも、いろいろと不安があります。計算の過程で書き換わってしまうかもしれませんし、またそうでなくても、コンピュータの電源を切ると主記憶装置のデータは消えてしまいます。そのため、勝手に書き換わったり消えたりしては困るデータ、たとえば画像データやエクセルデータなどを保存する際には、DVD、ハードディスク、SSD、コンパクトフラッシュメモリなど、主記憶装置とは異なる記憶装置を使います。これらは**補助記憶装置**と総称されます。つまり、普段私たちがコンピュータを使っているときは、補助記憶装置から主記憶装置にデータを読み出し、さらに主記憶装置のデータを CPU のレジスタに移し、計算し、その後主記憶装置、補助記憶装置と順にデータを書き戻していることになります。

　この状況は、以下のような喩えで理解できるでしょう。あなたは仕事のための作業場をもっています。この作業場が CPU です。その時々でさまざまな仕事があり、仕事ごとに必要な材料や道具（データ）が違います。作業場は広くないので、すべての材料や道具を置いておくことはできないため、普段は大きな倉庫にしまっています。この倉庫が記憶装置です。やるべき仕事が決まったら、まずは倉庫から必要な材料や道具を作業場に持ってきた上で

（記憶装置からのデータの読み出し）、仕事を行います。仕事中に別の道具が必要になったり、またさっきまで使っていた道具が不要になったりしたときは、随時倉庫から道具等の出し入れをします。最終的に仕事が終わったら、作業場を片付け、道具などを倉庫にしまいます。

　CPU と記憶装置があればコンピュータとして本質的な部分は揃っています。しかし、CPU と記憶装置だけでは、我々がコンピュータを操作するときにとても不便です。コンピュータにやるべき仕事を指示するのも一苦労ですし、コンピュータが行った処理の結果もすぐにはわかりません。そのため、コンピュータには普通は**入出力装置**と総称されるものがついています[7]。計算の状況を確認するためのモニタやプリンタ、操作するためのマウス・キーボードなどが入出力装置の一例です。また、補助記憶装置やインターネット接続なども入出力装置とみなすことがあります。

　入出力装置がコンピュータの本質ではないという点は、コンピュータを理解する上で重要なポイントです。コンピュータにとっては、適切な計算結果を主記憶装置に書き込むことができれば、計算としては完了していることになります。わざわざモニタ上に表示したりするのは、もちろんやってもよいのですが、コンピュータにとっては追加の余計な仕事にあたります。これは、近代的なコンピュータがプログラム内蔵方式であることにも関係しています。プログラム内蔵方式では、コンピュータが自律的に計算を進めることができます。ユーザに計算結果を示し続きの処理方法を問い合わせる必要はありません。そのため、モニタ上にあえて結果を表示するのは、ユーザがそれを求めた時や、ユーザからの指示が必要になったときだけでよいのです。

　なお、本書でも原則として「適切な結果を計算する（つまりメモリ上に保持する）」ことを目的としてプログラムを作成します。結果の確認のために画面に表示したりするのは、本書の記述とは別に、必要に応じて行ってください。

---

[7]入出力装置はコンピュータの本質ではないため、スーパーコンピュータなどでは、入出力装置を省く（必要に応じて接続する）ことも珍しくありません。

2.6　データの表現と機械語

　ここまで、コンピュータがどのように動作しているかを学んできました。

1. ユーザは入出力装置を介してデータとプログラムをコンピュータに入力します。
2. コンピュータは入出力装置から主記憶装置、そして CPU へとデータとプログラムを読み込みます。
3. CPU はプログラムに従って高速に自律的にゲートを開閉し、計算を進めます。
4. CPU から主記憶装置に計算結果が返されます。
5. ユーザは必要に応じ、入出力装置で計算結果を確認し、次の指示を与えます。

以上でコンピュータの動作はわかりました。しかし、コンピュータが操作しているデータ（プログラムを含む）はどのような物なのでしょうか？

　CPU が扱うデータについては、以前「ビー玉がある」「ビー玉がない」を表すケースを一定数ごとにまとめたものだと説明しました。実は、主記憶装置、補助記憶装置、入出力装置まで含めて、この点は変わりません。コンピュータの扱っているデータは、どこまで行っても「1（ある）」と「0（ない）」の集まりでしかないのです。数字であっても、文章であっても、画像であっても動画であっても、プログラムであっても、コンピュータが扱っているデータはすべて、0 と 1 の羅列なのです。

　このことは、今まですこし曖昧にしてきた「CPU は具体的にどのような計算ができるのか」ということにも関連します。CPU はプログラム（CPU が理解できるプログラムを**機械語**と呼びます）を読み込み、その内容に従ってゲートを開閉することによって計算を進めます。これにより、一度にたくさんのゲートを開閉できますので、たとえば XOR 1 個よりは複雑な計算もできるようにはなります。しかし、それでもなお、CPU が 1 回にできる計算というのはせいぜい以下のようなものです。

- 0 と 1 の羅列で表現された 2 つの数の足し算・掛け算
- あるレジスタ内のケースがすべて「0」であることの確認
- あるレジスタ内のケースの状況の変更（たとえばすべて「0」にする）
- データの主記憶装置からレジスタへの読み込み、また逆にレジスタから主記憶装置への書き戻し

主記憶装置とのデータのやり取りを除けば、本当に足し算・掛け算程度なのです。これは、データがそもそも 0 と 1 の羅列でしかないため、足し算・掛け算以上に複雑な処理を考えても仕方がないためです。

　CPU が読み込むプログラム（機械語）は、CPU ができることに応じて決まります。よって、機械語の単語は「足し算をせよ」とか「掛け算をせよ」といったごく簡単な処理にしか対応しません。間違っても「この動画を再生せよ」とか「この文章から『プログラム』という語句を見つけよ」というような機械語はありません。なお、当然のことですが、機械語も 0 と 1 の羅列で、普通の人にはまったく読めたものではありません。

　幸運にして、以上のような状況、つまり CPU では 0 と 1 の羅列しか扱えず、機械語もごく単純な計算以外の機能を提供していないということ、を意識しなければならない場面はほとんどありません。しかし、プログラミングを学ぶのでしたら、この状況を知っておいた方がよいでしょう。この状況を知ることが、なぜプログラミング言語が必要で、私たちが行うプログラミングという行為はどのようなものなのか、というような根源的な問いに対する答えを導くことになるからです。なお、この問いについては、次章で考えてゆくことにしましょう。

2.7　本章のまとめ

本章では以下のことを学びました。

- 現代のコンピュータは、大規模・高性能であること、電気回路によって構成されていること、そして汎用であることが特徴です。
- コンピュータの汎用性はプログラム内蔵方式によって実現されています。プログラム内蔵方式のコンピュータは自身が計算したデータ（プログラ

ム）に従って、自律的に次の処理を決めています。

- コンピュータは CPU と記憶装置から構成されており、これに加え必要に応じて入出力装置を用います。

- CPU は記憶装置からデータを読み込み、プログラムに従い計算を行い、その結果を記憶装置に返すことを繰り返します。

- CPU は電気回路であり、クロックに従ってスイッチを入れたり切ったりすることで、0 と 1 の羅列のデータに対して計算を行っています。

- CPU は機械語によるプログラムによって動作が決まります。機械語では、単純な数値の計算や、メモリから CPU へのデータの読み出し、書き戻し程度の簡単な処理だけが記述できます。

第3章 プログラミングの世界

3.1 コンピュータの利用に必要なもの

　前章ではコンピュータの構造について学びました。コンピュータは実は単純な構造で、基本的には「高速にスイッチを入れたり切ったりすることで、0と1の羅列を別の0と1の羅列に書き換える電気回路」でしかありません。しかし、こんなことしかできないコンピュータが本当に私たちの役に立つのでしょうか？　インターネットや文書作成、ショッピング、自動車の制御などをできるというのは、何かおかしいのではないかと思いませんか？

　このような疑問は大変自然なものです。それどころか、現代のようにコンピュータでさまざまなことが実現されているのは、一昔前の人類にはなかなか信じられないことだろうと思いますし、私だって率直に言って「おかしい」と思うことがしばしばです。というのは、私たちがコンピュータで**実現したいこと**と、実際にコンピュータが**処理可能なこと**の間には、非常に大きなギャップがあるからです。コンピュータでさまざまなことを実現するには、この巨大なギャップを埋めなければなりません。

　まず最初のギャップは「現実」と「電子データ」の差です。私たちが実現したいことの多くは現実に関わることですが、コンピュータが処理可能なのは電子的なデータだけです。たとえば、コンピュータで年賀状を作ることを考えてみましょう。残念ながらコンピュータにあるのは0と1の羅列だけです。コンピュータには「年賀状」どころか「葉書」も「住所」も「氏名」もありません。コンピュータ内の01の羅列と現実の年賀状の間のギャップを埋めるためには、たとえば以下のようなことが必要になります。

- 住所や氏名は文字の並びとして表し、各文字にはそれぞれ 0 と 1 の羅列を関連付けます。
- 各文字の配置は、たとえば葉書の左上の隅から数えて右に〇 mm、下に〇 mm といった形で表します。数字は 2 進数（つまり 0 と 1 の羅列）で表すことにします。
- 各文字（を表す 0 と 1 の羅列）と各文字の配置（を表す 0 と 1 の羅列）を与えると、実際に年賀状に適切な文字を適切な配置で印刷してくれるプリンタを用意します。

このことからもわかるかと思いますが、コンピュータで何かを実現するためには、私たちが現実世界で普段見知っているさまざまな要素をすべて、コンピュータで処理できるような電子的なデータに翻訳してゆく必要があります。また、そのような翻訳をしたとしてもコンピュータが扱うのは電子的なデータでしかありません。データを現実の年賀状として具現化させるためにはプリンタという追加の機械が必要になります。この点も見落とされがちですが大事なところです。

　電子的なデータに翻訳しなければならないものが「数」であったり「文字」であったりした場合は、標準的な翻訳方法がありますのでそれを利用することができます。しかし、それ以外のものの場合、翻訳方法から考える必要があります。たとえば、「絵」「色」「線」などは、ある程度標準的な翻訳方法があるのですが 1 種類ではなく、用途ごとに使い分けられています。「住所」も「住所を表す文字の並び」とだけ捉えるなら簡単ですが、「都道府県→市区町村→町名→番地という構造をもち（よって『東京都神奈川県』はありえず、『東京都横浜市』は存在しない）、郵便番号と対応づいたもの」というものだと考えると、単なる文字の並びでは不十分になります。このような情報を電子データに翻訳するのは、一筋縄ではいきません。

　そしてコンピュータを用いるには、現実の要素を電子的なデータに翻訳するだけでは十分ではありません。目的実現のために行うべき処理も、コンピュータでできるような手順に翻訳しなければならないのです。つまり、究極的にはスイッチの切り替え、そうでなくても機械語で表現できるような簡単な計算手順に翻訳する必要があります。たとえば、年賀状の上に氏名をうまく配

置することを考えてみましょう。このためには、各文字が年賀状の左上隅か
らみて右に何 mm・下に何 mm の場所に配置されるかを適切に決めればよい
でしょう。しかし、私たちは普段そのような考え方で氏名の配置を決めてい
ません。文字が重ならないように、名字と名前の間は少し空くように、氏名
の上下にはおおよそ同じぐらいの余白があるように……といったことを考え
ながら、何となく文字の大きさや配置を決めているはずです。これを、機械
語で行えるような単純な数値の計算に翻訳する必要があるのです。

　以上見てきたように、コンピュータで何かを実現するためには、現実世界
のさまざまなものをコンピュータ内のデータに翻訳し、さらに目的を達成す
るための処理を、そのデータに対する単純な計算に翻訳する必要があります。
このような、現実に代表されるような複雑なものを単純なデータとそれに対
する処理に翻訳する行為を、一般に**モデル化**と呼びます。つまり、コンピュー
タを有効利用するためには、コンピュータで処理できるような形式で対象と
目的をモデル化する必要がある、ということです。そして、コンピュータは
（規模は大きいとはいえ）根本的にはごく単純なデータの処理しかできません
ので、このモデル化はかなりの難しさを伴います。

　なお、モデル化はコンピュータの利用に必須ですので、本書でもプログラ
ム作成のたびに毎回現れます。具体的なモデル化の例を知りたい方は 4 章以
降、たとえば 4.1 節や 5.1 節などを参照してください。

3.2　プログラミング言語とは

　プログラミング言語は、コンピュータを利用する際のモデル化が簡単にな
るよう人工的に設計された言語です。プログラミング言語の主な役割は以下
の 2 点に集約されます。

- 対象や目的をモデル化するための、人間にとって比較的直感的なモデル
（**プログラミングモデル**）を提供すること
- その言語・モデルによる記述、つまり**プログラム**[1])を、コンピュータが

---

[1])なお、プログラムを作成する行為を**プログラミング**と呼びます。また、何かの具体的
な機能を実現するプログラムを**ソフトウェア**と呼びます。

　　直接実行可能な（つまり機械語で扱えるような）データと処理へ自動的
　　に翻訳すること

　まず、「0 と 1 の羅列からなるデータ」と「機械語レベルの単純な計算」と
いう、コンピュータが本来提供しているモデル化の枠組みは人間にとっては
非常に不便です。これの代わりに、プログラミング言語はもう少しわかりや
すいモデルを提供しています。具体的なモデルは言語によりますが、たとえ
ば「数値」や「文字」を（0 と 1 の羅列ではなく）「数値」「文字」として扱
える、数値に対しても（足し算や掛け算だけでなく）平方根や三角関数など
を使える、というようなものです。なお、プログラミングモデルの具体例に
ついては、少し後の 3.5 節で紹介します。
　プログラミング言語がわかりやすいモデルを提供できたとしても、その
プログラムに従ってコンピュータがちゃんと処理を行えなければ意味があり
ません。これを実現するため、プログラミング言語は、その言語によるプログラ
ムを、コンピュータが実際に処理できるような形式（要するに 0 と 1 の羅列
データと機械語です）に翻訳する機能をもっています。そのため、コンピュー
タをプログラムに従って実際に動作させることができます。翻訳の具体的な
方法については、この後に 3.3 節で紹介します。
　この状況は以下のような宇宙人との対話にたとえることができます。いま、
コンピュータを宇宙人だと思いましょう。この
宇宙人は独自の言葉（機械語）をもっている
のですが、私たちの日頃使っている言葉とは
かけ離れており、単純に辞書を用いて単語を
翻訳してゆくだけではなかなか意思疎通がで
きません。このとき、プログラミング言語は、
通訳者のような役割を果たしてくれます。私
たちが「プログラミング言語」を話しさえす
れば、通訳者が宇宙人の言葉にうまく翻訳し
てくれるのです。そして、「プログラミング言
語」は、宇宙人の言葉に比べれば、私たちに
とってはるかにわかりやすいものなのです。

機械語は人間にはわからない
（ろじ/PIXTA（ピクスタ））

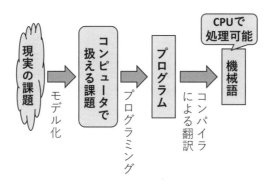

図 3.1 コンピュータで目的を達成する過程

　以上をふまえると、現実の課題・問題をコンピュータを使って解決する過程は図 3.1 のように表現できます。まず私たちは、現実の課題・問題を、コンピュータで処理できるようなものにモデル化します。このモデル化の際には、機械語で表現できるかを考える必要はなく、プログラミング言語が提供しているプログラミングモデルを指針とすることができます。モデル化ができたら、それに従って実際にプログラムを書き下します。無事プログラムが完成すれば、プログラミング言語システム（具体的には 3.3 節で紹介するコンパイラやインタプリタ）が、それを機械語に翻訳してくれます。そうすれば、CPU が翻訳結果の機械語をもとにゲートを高速に開閉したりして、私たちの望んだ計算を実際に行ってくれます。プログラミング言語がコンピュータの利用を補助してくれていることが見て取れるかと思います。

　ということで、プログラミング言語を使えばコンピュータは簡単に使えます……と言えればよかったのですが、残念ながら話はそこまでうまくありません。どちらかと言えば、直接機械語でコンピュータを利用するのは普通の人にはほとんど不可能で、プログラミング言語を使うことでようやく何とか、というのが現実です。

3.3　コンパイラとインタプリタ

　「プログラミング言語」は人間とコンピュータとの間をつなぐ「通訳者」の

ようなものだと紹介しました。さて、この通訳者はどうやって翻訳を行っているのでしょうか。

　この翻訳を担うソフトウェアの代表的なものとしては、**コンパイラ**と呼ばれるものと**インタプリタ**と呼ばれるものがあります。コンパイラはまさしく翻訳者です。私たちが何らかのプログラミング言語で記述した文書を、一語一語、機械語の文書へと翻訳してゆきます。一方で、インタプリタは同時通訳者のようなイメージです。プログラムを実行しようとした際に、その動作に対応する CPU の動作を考え、CPU に伝達してくれます。

　両者の違いは、たとえば新人店員への指導にたとえられます。あなたはベテラン店員で、今までの経験から、さまざまな事態にどう応対すべきかわかっているとしましょう。この経験を新人（コンピュータ）に伝えるとして、コンパイラ的なアプローチは、あなたの経験を新人にも理解できる「マニュアル」として準備しておき、新人にはそのマニュアルに従って仕事をするように言うことです。一方、インタプリタ的なアプローチは、新人とともに店頭に立ち、逐一新人に命令してゆくやり方です。この比喩から想像できるかと思いますが、一般にコンパイラの仕事の方が難易度が高くなります。実際に客が来たりトラブルが起こったりする前に、想定されるすべてのケースについて適切な対応方法をまとめておく必要があるのですから。これに比べれば、新人とともに現場に立ち実際に起こったことに対応して命令する、というインタプリタのやり方のほうがずっと簡単です。しかし、インタプリタのやり方では仕事の効率はあまりよくありません。新人は何かが起こるたびにあなたに指示を仰ぐことになるのですから。しかも、そのようなやり方をしている限り、新人はどこまで行ってもあなた無しでは仕事ができないままです。コンパイラのように事前にマニュアルを作っておけば、新人がそのマニュアルを理解しさえすれば（コンピュータにとっては機械語で書かれたマニュアルは簡単に理解できます）、その新人はベテランとまったく遜色なく働くことができます——マニュアルに書いていないような事態が起こらない限り、ではありますが。

　このように、コンパイラとインタプリタの大きな違いは、翻訳・通訳の難易度にあります。コンパイラを作るのは非常に難しく、インタプリタを作るのは比較的簡単です。そのため、プログラミング言語の設計者・開発者の立場

からは、コンパイラを作るのはそれに見合ったメリットがある場合に限られます。一方、それらの利用者の立場としては、コンパイラとインタプリタの違いを強く意識しなければならない場面は多くありません。一般的な方針としては、簡単なプログラムや一度しか使わないプログラム、また本格的なプログラムを作る前段階の仮組のプログラムなどはインタプリタで実行し、本格的なソフトウェアはコンパイラで機械語に翻訳し効率を改善する、というのが標準的です。

なお、コンパイラで機械語に翻訳するメリットは効率だけではありません。インタプリタの場合、プログラミング言語で書かれたプログラムをそのまま使うため、そのプログラムを読んだり変更したりすることができます。特に秘密にしたい技術やセキュリティに関わるようなプログラムなどでは、他人がそのプログラムを読み変更できると困ります[2]。コンパイラで機械語に翻訳すれば、機械語を読解するという人間離れしたことができない限り、それを読んだり変更したりすることはできません。このこともあり、特に商業的に売買されるようなソフトウェアの場合、コンパイラで機械語に翻訳されたものが流通していることが多いです。

3.4 自然言語とプログラミング言語

プログラミング言語は、人類がコンピュータを簡単に操作するために人工的に作ったものです。だから、日本語や英語などの普段人類が使っている言語（プログラミング言語との対比では**自然言語**と呼びます）とはかなり違っています。

まず何より、プログラミング言語の方が語彙が圧倒的に少ないです。自然言語の場合、どの言語でも分厚い辞書一冊でも足りないほどの語彙数があります。一方、プログラミング言語の場合には、中核的な語彙はたかだか数十

---

[2]逆に、あえて「自由にプログラムを読んだり変更したりできる」状況を担保したまま開発を続けることもあります（オープンソースと呼ばれます）。これは、開発に貢献してくれる人を広く募ることができる、開発者が誤って（または悪意をもって）よくないプログラムを書いている可能性を多くの人の目で監視することで減らす、などのメリットがあります。

ほどしかありません。ちょっと頑張ればすべて覚えることも十分できます。

　次に、プログラミング言語の方が文法もはるかに単純です。文法規則も（数え方にもよりますが）たかだか数十ほどしかなく、しかもそのうち中核的な十前後を知っていれば十分プログラミングができます。さらに、「この単語の場合はこういう書き方ができる・できない」といった「例外」もほとんどありません。

　語彙が少なく文法が単純なので、プログラミング言語の習得は自然言語の場合よりははるかに簡単です。しかし、残念ながらプログラミング言語特有の難しさもいくつかあります。

　まず、プログラミング言語の語彙は確かに少ないのですが、プログラミング言語には**新しい単語を追加する**機能があります。そのため、追加された単語まで数えるなら、プログラミング言語には無限の語彙があることになってしまいます。さらに、他の人が追加した単語を自分のプログラムでも利用する、という機能もあります。そのため、自分で新しい単語をそれほど追加しなくても、プログラムに出てくる語彙数は非常に多くなりえます。特に近年では、プログラミングが一般的になったこともあり、他の人が既に多数の単語を用意しており、これを有効活用することが重要になっています。結果として、プログラミング言語自体は原理的には単純であるにもかかわらず、現実的にはプログラミングに際して少なくない語彙が要求されることになりがちです。ただしこのことは、プログラミング言語の中核的な部分を単純にしつつ、現実に要求されるような複雑な処理を簡単にプログラムするためには、仕方のないことでもあります。

　なお、「新しい単語が自由に追加できる」と聞いて、「そんな言語はとてつもなく複雑になりうるのではないか」と心配した方もいるかもしれません。実際に追加できるのは、日本語で言えば「名詞」や「動詞」にあたる部分、つまり「物の名前」や「動作の名前」だけです。そのため、語彙が増えたとしても、言語そのものの構造（たとえば文法）はまったく変化しません。この点は安心してください。

　また、プログラミング言語は機械語に自動的に翻訳できなければならない、という点も少なからぬ制約になっています。たとえば、プログラミング言語として「日本語」を採用するのは、機械語への翻訳が難しすぎるため現実的

ではありません[3]。また、「日本語」のようなものを採用すると、機械語への翻訳に曖昧さが残ってしまうのも問題です。コンピュータは空気を読んだりすることなく、ただ命令されたとおりに忠実に計算を行います。プログラムが間違っていた場合、その間違いがどれほど私たちから見て明白だったとしても、そのとおりに間違った動作をしてしまうのです。そのため、プログラムの文面から、そのプログラムがどう動作するかを正確に読み取れることは非常に重要です。ましてや、言語自体に曖昧さがあり、翻訳の方針次第で異なる動作になってしまうようなものは受け入れがたいです[4]。

　以上の話をまとめます。プログラミング言語はそもそも簡単にコンピュータを操作するためのものなので、基本的には単純です。ただし、機械語への翻訳を前提としていることもあり、どうしても日本語などの自然言語とは趣が異なるものとなってしまいます。また、単語を新たに追加する機能や、他人が追加した単語を利用する機能があるため、言語の単純さにもかかわらず、複雑な処理を比較的簡潔に記述できるようになっています。ただしこれは、無尽蔵に語彙数が増えてプログラミングが難しくなる一因になることもあります。

3.5　いろいろなプログラミングモデル

　世界にはいろいろなプログラミング言語があります。大雑把に言うと、それぞれのプログラミング言語はそれが提供しているプログラミングモデルが異なります。そのため、プログラミングに使う言語を選ぶことは、どのプログラミングモデルを使うかを選ぶことでもあります。以下、プログラミング言語の代表的な類型を簡単に説明します。

---

[3]「日本語プログラミング言語」と呼ばれるものもありますが、「日本語風のプログラミング言語」であって、日本語でプログラミングをするものではありません。

[4]これは、契約などの重要な場面で（専門性の低い）通訳を介することのリスクに近いかと思います。コンピュータは曖昧さのある場面で利用者に問い合わせてくれたりはしませんので、人間の通訳者を使う場合よりさらに深刻な問題となりえます。たとえば、コンピュータの裁量次第で動作が変わりうるような状況で、医療方針の決定や飛行機の操縦をコンピュータに任せたいと思うでしょうか？

> 6400 ビット（整数 100 個分）のメモリを確保する。これを以降 m と呼ぶ；
> 64 ビット（整数 1 個分）のメモリを確保する。これを以降 i と呼ぶ；
> i を整数の 0 に対応するビットにする；
> 以下 2 行の手続きを 100 回繰り返す：
> 　m の i×64 ビット目から 64 ビットを i と等しくする。
> 　i を、その値に 1 を加えた整数に対応するビットにする。

図 3.2 コンピュータを直感的に操作するためのプログラミング言語でのプログラムのイメージ

　まず、コンピュータ（特に CPU）を簡単に直感的に操作することを主な目的としたプログラミング言語があります（例：C 言語、C++言語など[5]）。機械語で CPU を操作するのはあまりに面倒なので、もう少し簡便にプログラムを書きたい、というためのものです。これらの言語のプログラミングモデルは、当然機械語に似ています。メモリにデータを読み書きしつつ、比較的単純な計算を繰り返すことで計算を進めます。このようなプログラミング言語では、「プログラム実行時に CPU がどのように動作しているか」をかなり正確に予想できます。そのため、たとえば宇宙ロケットの制御など、コンピュータの動作が、プログラムの実行に要する時間も含め、プログラム作成者の予想とずれることを避けたい場合によく用いられます。

　具体的な例として、このようなプログラミング言語でのプログラムのイメージを図 3.2 に示しました。このプログラムはメモリ上に 0, 1, . . . , 99 が順に並んだデータを用意しようとしています。本質的にはかなり機械語に近いのですが、0 と 1 の羅列を直接操作することを避けられる・メモリに名前（i や m）をつけることができる・「100 回繰り返す」と書けるなど、いくぶん私たちにとってわかりやすくなっています。

　プログラム作成の究極目的が CPU の操作だとしても、多くの場合には CPU がどう動作するかを完璧に把握する必要はありません。むしろ、プログラム作成者が望む結果が最終的に得られることこそが重要で、その過程で CPU

---

[5]プログラミング言語の類型と具体的なプログラミング言語の対応については、本書で示しているものが唯一ではなく、いろいろな考え方があります。それぞれの言語にはさまざまな特徴があり、どの点に注目するかで見え方が変わってくるためです。

```
「動物」オブジェクト：
    飲む：「飲み物」を対象とし、それを口に入れる
    …

「人間」オブジェクト（「動物」の一種）：
    座る：「椅子」を対象とし、その上に移動する
    …

「水」オブジェクト（「飲み物」の一種）：
    溶かす：対象を投入し混ぜる
    かける：対象に接触させる
    …

「椅子」オブジェクト（「家具」の一種）：
    …
```

図 3.3 オブジェクト指向言語でのプログラムのイメージ

がどう動作するかにはあまり興味がないことも少なくありません。そのような場合には、CPU の動作から離れ、より人間の理解や思考に近いプログラミングモデルを採用できます。

　オブジェクト指向は、「オブジェクト」と呼ばれるものと、そのオブジェクトの動作・相互作用によってプログラムを構成するというプログラミングモデルです。この「オブジェクト」というのは、現実世界の「もの」に対応するようなものです。現実世界には、私がいて、あなたがいて、机があって椅子があって、本があって、といろいろな「もの」があります。そして、現実世界では、私たちは日々さまざまな「もの」を触ったり掴んだり渡したり食べたりして暮らしています。この様子をそのままプログラミングに持ち込もう、というのがオブジェクト指向の考え方です。

　例として図 3.3 を見てみましょう。このプログラム（あくまでイメージですが）には、「人間」「水」「椅子」などといったオブジェクトがあり、「人間」は「椅子」に「座る」動作ができるとプログラムされています。さらに、「人間」には「動物」の一種なので「飲む」動作もあり、特に「水」（「飲み物」の

$0 \times m$ と 0 は等しい。

$(n+1) \times m$ と $n \times m + m$ は等しい。

8×9 と等しい k は何か？

図 3.4　論理型言語でのプログラムのイメージ

一種）を「飲む」ことができます。この例からもわかるかと思いますが、オブジェクト指向は現実世界を模倣するような・現実世界との関連が深いプログラムの作成によく使われます。

　図 3.3 のプログラムは、図 3.2 のものに比べると「プログラム」とは思いにくいかも知れません。このように、一見するとコンピュータでの処理に直接対応しなさそうなものを、コンパイラやインタプリタがうまく翻訳してくれるおかげで、オブジェクト指向というプログラミングモデルが可能になっています。オブジェクト指向モデルを提供している代表的なプログラミング言語としては Java や Ruby などが挙げられます。

　論理型はオブジェクト指向とはまったく異なるプログラミングモデルを採用しています。論理型のモデルでは、プログラムとは事実の集まりであり、プログラムの実行とはその事実から導かれる結論を論理的に推論すること、となります。たとえば、図 3.4 に示したものは、「$0 \times m$ と 0 は等しい」という事実と「$(n+1) \times m$ と $n \times m + m$ は等しい」という事実から、「8×9 と等しい k」を論理的に導くプログラムです。つまり、オブジェクト指向が現実を模倣するようなモデルであったのに対し、論理型では知識や論理をもとにしたモデルとなっているのです。

　論理型の顕著な特徴として、「入力」と「出力」の関係が曖昧になる点が挙げられます。たとえば、掛け算に関する上述の事実から「$8 \times k$ が 72 と等しくなる k」を論理的に導く、というのも論理型では自然なプログラムですが、これは実質としては掛け算ではなく割り算を行っていることになります。このように柔軟に推論をしてくれるため、パズルを解く・機械の不具合の理由を推測するなど、情報と論理に関係の深い人工知能プログラムの作成などに向いています。一方で、この柔軟さは機械語への翻訳をかなり難しくしています。CPU の回路には明確に「入力」と「出力」があるため、論理型のプロ

$0 \times m$ は 0 に式変形する。

$(n + 1) \times m$ は $n \times m + m$ に式変形する。

8 は $(((((((0 + 1) + 1) + 1) + 1) + 1) + 1) + 1) + 1$ に式変形する。

8×9 を式変形した最終結果は？

図 3.5 関数型言語でのプログラムのイメージ

グラムはかなり注意深く翻訳しないとコンピュータでは実行できないのです。論理型モデルを採用している代表的なプログラミング言語としては Prolog があります。

　関数型では、「データ」に注目し、「データの変換」としてプログラミングを捉えます。たとえば、論理型のときに挙げた「$0 \times m$ は 0」「$(n + 1) \times m$ は $n \times m + m$」ですが、これは関数型的には「式」というデータを「式変形」してゆく過程だと捉えます。そして、関数型での計算は「式変形を繰り返した結果、最終的に得られる式はどのようなものか」というものになります。図3.5 にこの発想に基づいたプログラムのイメージを示します。なお、数値は単純すぎるので、関数型の考え方で式変形するご利益は見えにくいです。関数型が力を発揮するのはもっと複雑なデータを処理したい場合です。

　関数型の考え方は、オブジェクトとその動作に注目するオブジェクト指向とは直交すると言えるでしょう。関数型言語でのデータはそれが主体的に「動作」するのではなく、別の主体によって「変換」されるのを待つものだからです。また、論理型と比較した場合、「データの変換前」「変換後」という形で「入力」「出力」が明確に区別されるため、柔軟性が低く、その分機械語への翻訳が簡単になっています。関数型の代表的なプログラミング言語は Lisp、OCaml、Haskell などです。

　なお、これらのプログラミングモデルには、得意不得意、また時代ごとの流行りすたりはあるものの、原則として優劣はありません。また、複数のプログラミングモデルに基づいている言語もあります。たとえば、インターネットブラウザでよく使われている JavaScript という言語は、オブジェクト指向的なモデルと関数型的なモデルの両方に基づいています。

3.6　Python 言語の特徴

　本書では Python[6]というプログラミング言語を使います。これは、以下に挙げる理由でプログラミングへの入門に適しているからです。

　まず、Python はオブジェクト指向のプログラミング言語です[7]。現時点ではオブジェクト指向は最も広く使われているプログラミングモデルですから、Python を学んでおくと他の言語にも応用がききやすいです。

　次に、Python はインタプリタで実行する言語です[8]。以前にも述べましたが、本格的なソフトウェアを作るわけではない場合にはコンパイラよりもインタプリタを使うほうが便利です。そのため、プログラミング入門という本書の目的にもあいます。

　他にも Python にはさまざまな特徴がありますが、その中で顕著なものとして、**他人によって既に提供されている語彙が非常に豊富**という点があります。現代のプログラミングでは、誰かが既に用意した単語を利用するというのは本当に重要です。Python ではそれが特に豊富であり、うまく活用できれば、簡単なプログラムでもかなり複雑な処理を実現できます。このこともあり、Python は近年「よく使われる機能」を組み合わせるプログラミングには世界中で非常によく使われています[9]。プログラミング入門の観点からも、ちょっとしたプログラムを書くだけで結構面白いものができるので、この特徴はありがたいです。

---

[6]「パイソン」と読みます。ニシキヘビのことで、そのため Python 関係の絵などにはよく蛇が描かれています。

[7]Python は関数型的なスタイルも提供していますが、本書ではこの部分はほとんど扱いません。

[8]Python 向けコンパイラも存在はしますが特殊な用途を除いてあまり使われていません。

[9]プログラムで達成したい目標の独創性とプログラムそのものの独創性は、一般的には関係ないことには注意してください。たとえば、近年人工知能・機械学習技術を用いた独創的なシステムが多く現れていますが、これらの中核部分が「人工知能・機械学習でよく使われる機能」の組み合わせだったりすることも少なくありません。そのため、このようなシステムの作成にも Python は広く使われています。

3.7　本章のまとめ

本章では以下のことを学びました。

- コンピュータの基本的な動作は大変単純で、そのままで（つまり機械語を使って）複雑な処理を実現するのはほとんど不可能なぐらい難しいです。
- プログラミング言語は、人間にとって比較的直感的なプログラミングモデルと、そのモデルに基づくプログラムを機械語相当の処理に翻訳する機能を提供することで、コンピュータの操作を簡単にしています。
- プログラムを機械語相当の処理に翻訳するソフトウェアとして代表的なものがコンパイラとインタプリタです。コンパイラは機械語のプログラムに翻訳し、インタプリタはプログラムの動作を実行時に随時 CPU に伝えます。
- プログラミング言語は自然言語に比べると非常に単純です。
- プログラミング言語は、それが提供するプログラミングモデルによって分類できます。たとえば Python はオブジェクト指向モデルを採用しています。

第4章　プログラミングの構成要素

　それではプログラミングを学んでいきましょう。前述のとおりプログラミングは語学ですから、まずは基本的な単語と構文を知る必要があります。とはいえ、最低限知らなければならないのは以下のものぐらいです。

- 基本的な計算（足し算や掛け算とか）の書き方（4.2節）
- 計算結果を覚えるための**変数**（4.3節）
- 状況に応じた計算をするための**条件分岐**（4.9節）
- 多くのデータを覚えるための**リスト**[1]（4.10節）
- 同じ処理を何度も行うための**繰り返し**（4.11節）

これらがあれば、「単純な計算」を「多くのデータに対して」「何度も行う」ことができます。これはまさしくコンピュータの基本機能のすべてですから、これらを使いこなせれば、理論上はコンピュータの全力を引き出すことができます。とはいえ、これらだけでは、コンピュータの力を**簡単に**引き出すのは大変です。どのプログラミング言語も、より簡単にプログラムを作るための機能があるのですが、その中でも以下のものはかなり普遍的で便利なので、ぜひ知っておきましょう。

- 計算手順に名前をつけるための**関数**（4.4節・4.5節）
- 既存のプログラムを利用するための**ライブラリ**[2]（4.6節）
- プログラムを読みやすくするための**コメント**（4.7節）
- 作ったプログラムが正しいかを確認する方法（4.8節）

---

[1]多くのプログラミング言語では同様の機能を**配列**と呼びますが、Python での慣習に従い、本書ではこれをリストと呼びます。

[2]ライブラリは Python では**モジュール**と呼ばれることもあります。

以上がわかれば、プログラミングの基礎は身についたと言っていいでしょう。本章ではこれらを一通り学んでゆきます。

4.1　問題設定：スーパーマーケットのレジ

　プログラミングの基本を学ぶにあたっても、具体例がないとイメージがわきにくいところがあるかと思います。本章では、スーパーマーケットなどで使われるようなレジスターを例として話を進めてゆきます。

　まずは、レジスターのプログラムを作るとして、その完成形をイメージする必要があります。これは非常に大事なことです。レジスターは**現実に存在する**もので、電子的なデータではありません。そのため、プログラムは**原理的にレジスターそのものは実現できません**。レジスターは、商品やお金を受け取り、おつりやレシートを返します。「商品」や「レシート」のようにリアルなもの、つまり電子的なデータではないものは、プログラムは扱うことができないのです。そのため、**レジスターに相当するプログラムとは何か**を事前に設計しておかなければ、プログラムを作ることはできません。

　この点は見逃されがちですが本当に重要です。ほとんどの場合、私たちがプログラムで扱いたいものは現実のもので、プログラムでは直接は実現できません。プログラムで実現できるのは、あくまでプログラミングモデルで記述できる、電子的なものだけです。そのため、現実にあるものをプログラミングモデル上のものに翻訳すること、つまり**モデル化**（3.1 節参照）が必要になります。モデル化の仕方によって、できあがるプログラムはまったく違うものになりますし、またそのプログラムが実現できることも変わってきます。そのため、プログラミングにおいてモデル化は非常に大きな要素です[3]。

　ここでは、あまり難しいプログラムを目指しても仕方ないので、以下の単

---

[3]具体的な割合は個人の感覚にもよりますが、筆者の感覚では、プログラミングはモデル化が 4 割、コーディング（実際にプログラムを書く作業）が 2 割、デバッグ（できあがったプログラムに含まれる間違いを発見し修正する作業）が 4 割ぐらいです。大雑把には、モデル化が半分、デバッグが半分で、コーディングはそれらに比べれば大したことがないと感じています。

純なモデル化を考えます[4])。

- 商品はその値段（つまり数値 1 つ）だけ考え、具体的な品目が何かについては無視します。なお、値段は税別のものとします。
- たくさんの商品、つまりたくさんの数値が与えられたとき、税金等込みの総額を計算するプログラムを作成します。

4.2 基本的な数値計算

まずは、基本的な計算、つまり足し算や掛け算ができなければ話が始まりません。Python では、算数や数学で現れるような計算式を書けば、コンピュータが勝手に計算をしてくれます。ただし、数学などで使う記号はキーボードから簡単に入力できるもの[5])とは限らないため、往々にして少し違う書き方をしなければなりません。具体的な書き方は表 4.1 を参照してください。

たとえば、198 円と 280 円と 980 円の 3 つの商品を買い、10% の消費税がつく場合、

$$(198 + 280 + 980) \times 1.1$$

を計算すればよいのですから、プログラムとしては

```
(198 + 280 + 980) * 1.1
```

と書くことになります。試してみてください。無事に 1603.8 が求まったでしょうか？ また、実は「3 つ以上買えば半額セール」中だった場合には、

$$\frac{(198 + 280 + 980) \times 1.1}{2}$$

を計算したいので、

```
(198 + 280 + 980) * 1.1 / 2
```

---

[4])レジスターと呼ぶにはおこがましいものですが……。

[5])ちなみに、キーボード上の文字の並びはタイプライタに由来しているため、原則として英文を書くために必要な文字や記号が中心となっています。

表 4.1　Python での基本的な数値計算のための記号

記号	意味
+	足し算
-	引き算（負の数を書くためにも用いる）
*	掛け算
/	割り算（結果は小数）
//	割り算（商とあまりを求めたときの商）
%	割り算（商とあまりを求めたときのあまり）
**	べき乗

とプログラムすることになります。ただし、本物の Python プログラムでの書き方は少々読みにくいので、本書では原則として算数や数学で使う形式で計算式を書くことにします。

　数値としては正の整数だけでなく負の数や小数も使えます。ただし、整数と小数の間には大きな違いがあります。**小数に関する計算の結果は正しくない**のです。たとえば、

$$0.1 + 0.1 + 0.1$$

をプログラムで計算すると、

$$0.30000000000000004$$

といった結果が得られます[6]。たった 0.0000000000000004 ではありますが、こんな簡単な計算でも結果がずれてしまうのです。これを**数値誤差**と呼びます。

　本書では数値誤差について深入りしません[7]が、とにかく**コンピュータは小数の計算を少し間違える**ということは覚えておいてください。世間でのイメージとは違い、コンピュータの計算は正確無比ではないのです[8]。

---

[6]実際にどのような結果が得られるかはさまざまな要因次第なので、これとは少し違う結果になる場合もあるかもしれません。

[7]今回の問題は、大雑把にいうと、コンピュータが数を 2 進数で扱っているために、0.1 がある程度の桁数（17 桁程度）で表現できず、一番下の桁が四捨五入されてしまうことが原因になっています。

[8]とはいえ総じて人間よりは正確に計算をしてくれます。

4.3　変数：計算結果を覚える

　数式を書けば計算をしてくれるのは助かるのですが、単に数式を書くだけでは長大でわかりにくい式になってしまうことがあります。例として、「90円のトマトを80個と80円のレモンを60個購入する。これには消費税10%と配送料600円（税込）がかかる」という状況を考えましょう。これをそのまま数式に直すと

$$(90 \times 80 + 80 \times 60) \times 1.1 + 600$$

となります。しかしこれはいろいろな理由で少々わかりにくいです。

- 90円の商品が80個なのか、80円の商品が90個なのか、はっきりしません。たとえば、80円だと思っていたレモンの値段が実は85円だったとき、どこを修正すればよいか、すぐわかるでしょうか？
- 600円が配送料であることがわかりません。このプログラムを見た人は「600円の商品には消費税がかかっていない。これは間違いでは？」と思うかもしれません。

　このような混乱は**変数**を使うことで解消できます。変数はプログラム中で得られた数値などに名前をつける機能です（これを**変数定義**といいます）。たとえば、変数「トマト」を以下のように定義すると、以降「トマト」は90という数値の代わりに使うことができるようになります。

$$トマト = 90$$

このように変数を使うと、先ほどのプログラムは

$$トマト = 90$$
$$レモン = 80$$
$$消費税 = 1.1$$
$$配送料 = 600$$
$$(トマト \times 80 + レモン \times 60) \times 消費税 + 配送料$$

と書き直すことができます。プログラムは少し長くなってしまいましたが、先ほどのものよりはるかにわかりやすくなっていることがわかるでしょう。レモンが実は 85 円だと発覚した場合にも、「レモン ＝ 80」の部分を「レモン ＝ 85」と修正するだけで済みます。

　もう 1 つ、別の例を考えてみましょう。いま、1 個 1200 円のメロンを 4 つ買うとします。ただし、割引クーポンがあり、そのうち 1 個は 2 割引で買えるとします。この場合も、数式をそのまま書くと（簡単のため消費税は無視します）

$$1200 \times 0.8 + 1200 \times 3$$

となりますが、やはり少々わかりにくさがあります。

- 1200 円の商品が 0.8 個とはどういうことなのだろうか、という混乱があり得えます。
- メロンの値段が実際には 1150 円だった場合、プログラム中の 2 ヵ所の「1200」を修正しなければなりません。片方だけ修正すると、意味のよくわからないプログラムになってしまいます。

この問題も変数を使うと解消できます。

$$メロン ＝ 1200$$
$$割引メロン ＝ メロン \times 0.8$$
$$割引メロン ＋ メロン \times 3$$

このプログラムでは、0.8 が個数ではなく割引であることがすぐわかりますし、メロンの値段が間違っていても 1 ヵ所だけ修正すれば大丈夫です。

　ここまで見てきたように、変数はプログラムを読みやすく、修正しやすくするために非常に便利です。大きなプログラムの場合、適切に変数を使わないと何が何やらまったくわからなくなってしまいます。実は、変数の役割はプログラムを読みやすくするだけではありません。後ほど、「繰り返し」が登場した際に、**変数の値をプログラム中で随時変更できる**ということが大事になります。この機能はしばらくは使わないのですが、ここで紹介しておきます。

　話はそれほど難しくはありません。変数はプログラム中で複数回定義する

ことができ、その場合は直近の定義が使われる、というだけです。たとえば、先ほどのメロンの例を少し変更して

$$メロン = 1200$$
$$メロン = 1150$$
$$割引メロン = メロン \times 0.8$$
$$割引メロン + メロン \times 3$$

とすると、最終的な値段の計算ではメロンは 1150 円として扱われます。プログラムの動作としては「メロンは 1200 円だと思ったが、後に『メロンは 1150 円だ』と言われたのでそちらを採用した」となります。

　ただし、変数の値の変更が混乱をまねきかねないケースもあります。たとえばわずかに異なる以下のプログラムを考えましょう。

$$メロン = 1200$$
$$割引メロン = メロン \times 0.8$$
$$メロン = 1150$$
$$割引メロン + メロン \times 3$$

このプログラムでは、「割引メロン」は $1200 \times 0.8 = 960$ 円になっています。そのため最終的には $960 + 1150 \times 3 = 4410$ という結果が得られます。プログラムは原則として上から順に実行されますので、「メロンが 1200 円になる」→「割引メロンが 960 円になる」→「メロンが 1150 円になる（割引メロンの値は変更されていない）」という順に計算が行われることに注意してください。このように、プログラムは算数や数学の数式とよく似ている部分もありますが、異なる結果になる場合もあります。

　参考に、本節で扱った「トマトとレモンのプログラム」と「メロンと割引メロンのプログラム」を正確な Python プログラムとして記述したものを図 4.1[9]と図 4.2 に示します[10]。なお、Python では日本語で変数の名前をつけ

---

[9]残念ながら、数値誤差（4.1 節参照）のために計算結果はわずかにずれてしまいます。

[10]これらのプログラムには、実行結果を表示する部分は含んでいません。Jupyter note-book（A.2 節参照）を使っている場合、各セルの最後の処理の結果が自動的に表示されます。それ以外の場合や、最後の処理以外の結果を表示したい場合には、print 関数（表4.2 参照）を用います。以降のプログラムについても同様です。

```
tomato = 90
lemon = 80
tax = 1.1
delivery_fee = 600
(tomato * 80 + lemon * 60) * 1.1 + delivery_fee
```

図 4.1　トマトとレモンのプログラム

```
melon = 1200
discount_melon = melon * 0.8
discount_melon + melon * 3
```

図 4.2　メロンと割引メロンのプログラム

ることもできるのですが、習慣として日本語は使いませんし、予想外のエラー
を招く可能性もありますのでお勧めしません。

4.4　関数：計算手順に名前をつける

　変数を使うとプログラムはわかりやすくなります。とはいえ、変数だけで
本格的なプログラムを作るのは現実的ではありません。先ほど作ったような
プログラムでも、少し現実的な状況を考えると、もっと複雑な計算をしなけ
ればならないことがわかります。

- 先ほどは消費税は単に 1.1 を掛けることにしましたが、本来は 1.1 を掛
  けた上で小数点以下を切り捨てなければなりません。小数点以下を切り
  捨てるプログラムを用意することはできますが、毎回書くのは面倒です
  し間違えやすいでしょう。さらに、軽減税率のため消費税が 8% の場合も
  あります。これも考慮すると、プログラムはさらに複雑になります。

- 先ほどは送料がいつでも 600 円だとしましたが、一定金額（たとえば
  2000 円）以上購入した場合は送料がタダになるような場合もあります。
  このような場合、「商品の値段がいくらになるかを一旦計算し、金額を人
  間が確認した上で、送料を決める」とするのは、面倒だし間違えやすい

でしょう。また、送料が送付先によって異なるなど、更に複雑な状況も
ありえます。

　このような状況は他にもいろいろ考えられます。たとえば、スマートフォ
ンの通信料では「一定量までは使用量に比例した料金、一定量を超えると定
額」というような料金体系があります。この場合も、送料同様、使用量を確
認した後に人手で通信料を決めることはできますが、人手が介入するのは間
違えやすいし面倒です。他にも、複数買うと割引になる商品や、ある一定金
額（たとえば 5000 円）を上限として 1 割引になるクーポンなど、状況によっ
て金額が変わるものはまったく珍しくありません。

　プログラムが大きく複雑になるに従って、事態はどんどん悪くなります。消
費税や送料ぐらいであれば、注意深くプログラムしていれば大丈夫かもしれ
ません。しかし、さまざまな料金体系や割引などが複雑に絡み合ってきたと
き、そのすべてを完璧に処理する 1 つの数式を書くというのは現実的ではな
いでしょう。

　このような事態に対しては、**部品を組み合わせて大きなものを作る**という
考え方が役立ちます。たとえば消費税の例であれば、商品全体の値段のこと
は一旦忘れて、まず消費税を適切に計算するだけのプログラムを作成するこ
とを考えます。そして、全体の値段を計算するプログラムは、消費税を計算す
るプログラムを使う形で構成するようにします。こうすると、消費税計算プ
ログラムはそれほど複雑にならず、値段計算プログラムは消費税計算の内実
に立ち入らずにすみます。同様にさまざまな割引等がある場合、そのそれぞ
れについて独立したプログラムを作り、値段計算プログラムは必要に応じて
それらを使うだけにすれば、値段計算プログラムが複雑になるのを軽減でき
ますし、各割引等についてのプログラムはお互い独立に作ることができます。

　「部品を組み合わせる」考え方はプログラミングでは**モジュール化**と呼ばれ
ます。これはプログラミングでは非常に、非常に大事な考え方で、プログラ
ミング言語はそれぞれモジュール化のための機能を提供しています。ここで

はその中でも特に**関数**[11]と呼ばれる機能を紹介します。関数はほとんどあらゆるプログラミング言語で利用可能な、モジュール化の基礎となるものです。

　関数とは一言でいえば**処理手順に名前をつける**機能です。同じ（ないしは同じような）処理をプログラム中のあちこちで使いたくなることがあります。そのときに、「関数」として処理手順に名前をつけておけば、以降はその名前を呼ぶだけでその処理ができるようになるのです。たとえば「消費税の計算手順」に名前をつけておき、消費税が計算したくなったらそれを呼び出すようにする、といった具合です。

　関数を何度も使う場合、「計算手順」は同じだったとしても「計算結果」は異なるはずです。たとえば消費税の計算の場合、「1.1 ないし 1.08 を掛けて小数点以下を切り捨てる」という「計算手順」は同じだったとしても、「計算結果」は当然商品の値段によって異なります。つまり、消費税計算の関数は「商品の値段がわかったとき、その消費税込みの値段を計算する」ものでなければなりません。このように、関数は「計算・処理を行うのに必要な情報が揃ったとき、所定の計算・処理を行い、その結果を返す」ものです。この「計算・処理を行うのに必要な情報」を**引数**（ひきすう）と呼び、「関数の計算・処理の結果」を**返値**（かえりち）と呼びます。

4.5　Python での関数

　それでは Python で関数をプログラムする方法を学びましょう。

　関数には**関数定義**と**関数呼出し**の 2 ステップが必要です。関数定義とは、その関数が実行された際の処理手順を決めるものです。関数呼出しとは、その関数に引数を与え実際に実行することです。この状況は実は変数のときとまったく同じです。変数も、その変数の値を定義し、後にその値を参照していました。関数の場合は定義・呼出しの過程がちょっと複雑ですから、両者の関係をよく頭に入れておく必要があります。

---

[11] 数学の「関数」と同じ名前なのですが、プログラミングの「関数」と数学の「関数」には（共通点も確かにありますが）異なる部分があります。なお、「関数」ではなく「**メソッド**」と呼ぶこともよくあります。

　まずは、より簡単な関数呼出しから学びましょう。Python では関数呼出しの場合、関数名に続けて、括弧中に引数を指定します。たとえば、値段に対し消費税込みの値段を計算する関数「消費税」があるとき、2500 円の商品の税込み値段の計算は

$$消費税 (2500)$$

とすれば大丈夫です。また、80 円のミカンを 120 個購入した場合の税込みの値段は

$$ミカン = 80$$
$$消費税 (ミカン \times 120)$$

となります。

　次は関数定義です。Python で消費税を計算する関数を定義すると、以下のようなものになります。なお、ここでは仮に小数点以下を切り捨てた値を求める関数「切捨」が利用できるとしましょう。「切捨」関数が何者かについては後ほど 4.6 節で説明します。

$$def \ 消費税 (値段) :$$
$$return \ 切捨 (値段 \times 1.1)$$

関数定義は def という**キーワード**（プログラム中で特別な意味を持つ単語）から始まります。続いて、定義したい関数の名前（今回なら「消費税」）、その関数の引数（今回なら「値段」）、コロン（:）を書きます。以降は、その関数が呼出されたときに実行されるプログラムを書きます。プログラムの内容は関数定義以外の場合とほとんど同じですが、以下の違いがあります。

- このプログラムの各行頭には一定量の空白を入れます。この空白は**インデント**と呼ばれ、どの範囲のプログラムが関数の処理なのかを示します。
- 引数の値はまだ決まっていませんが、値が定義ずみであるかのように利用できます。
- 関数の中では return というキーワードを用いることができます。関数の処理が return に達したとき、その直後に指定された計算の結果を返値とし、その関数は終了します。

　今回の「消費税」関数の場合、確かに return のある行の行頭には空白[12]
があります。Python ではこのインデントが非常に重要です。詳しいルールは
ちょっと複雑なのですが、基本的には「ひとかたまりの処理は同じインデン
トになる（同じだけの空白が行頭に挿入される）」「何か（たとえば関数）の
内部は、外よりも深いインデントになる（より多くの空白が行頭に挿入され
る）」と知っていれば大丈夫です。

　次に、「消費税」関数は、引数である「値段」変数を使って税込みの値段を
計算しています。この変数の値は、実際に関数呼出しが行われた際に確定し
ます。たとえば、「消費税 (2500)」という関数呼出しの場合、「値段」変数の
値は 2500 となります。また、「消費税 (ミカン × 120)」であれば、「ミカン」
変数の値が 80 の場合、「値段」変数の値は $80 \times 120 = 9600$ となります。

　「消費税」関数は、切捨 (値段 × 1.1) を return する、というプログラム
になっています。つまり「値段を 1.1 倍したものの小数点以下を切り捨てた
値」を計算結果とし、この関数は終了します。たとえば、消費税 (2500) であ
れば、切捨 $(2500 \times 1.1) = 2750$ を結果として返し、この関数呼出しは終了
します。

　もう 1 つ例を挙げましょう。一皿 200 円だが、どれだけ食べても最大で
5000 円にしかならない寿司屋があるとして、このお店での会計を計算する関
数「寿司」を定義しましょう。

```
def 寿司 (皿数) :
    return 小さい方 (200 × 皿数, 5000)
```

今回も、2 つの数値のうち小さい方を返す関数「小さい方」が利用できると
します。そうすると、「寿司」関数は「消費税」関数とまったく同様の形式で
定義できていることがわかると思います。その結果、たとえば 30 皿食べたと
きの値段は「寿司 (30)」という関数呼出しで計算できるようになります。

　なお、「小さい方」関数は引数を 2 つとっています。このように関数は引数

---

[12]インデントの空白には、半角空白（英文字だけが入力できる状況で入力できる空白）
のみを使うのをお勧めします。全角空白（日本語の文字と同じぐらいの大きさの空白）は
使えません。また、タブ（Tab キーを押すと入力できる長い空白）は、インデントの深
さが不明確になりやすいです。

```
import math
def consumption_tax(fee):
    return math.floor(fee * 1.1)
```

図 4.3 消費税関数のプログラム

```
def sushi(plates):
    return min(200 * plates, 5000)
```

図 4.4 寿司関数のプログラム

をたくさん取ることもできます。とはいえ、引数が増えても定義方法や呼出し方法が変わるわけではありません。

　以上が Python での関数定義・関数呼出しです。なお、他のプログラミング言語でも、関数定義・関数呼出しは似たような形式です。キーワードは多少異なりますが、引数や返値の指定方法などはほぼ同じです。何より、「関数」という考え方、モジュール化の方法は普遍的なものです。そのため、ある言語で関数を知っておくと、他の言語でのプログラミングにも活かすことができます。

　変数や関数の定義は、3.4 節で触れた「単語を追加する機能」の 1 つです。辞書に項目を付け加えるかのごとく、新しい単語とその意味をプログラム中に導入できるのです。見てきたように、プログラミング言語での「単語の追加」は基本的にはプログラムを読みやすくします。とはいえ、大量の新単語を追加してしまった場合、それらの意味が不明瞭ではプログラムがかえって読みにくくなります。そのため、変数・関数を使う場合「名前からその意味がよくわかること」「それを導入することでプログラムが読みやすくなっていること」の 2 点に注意できると、よりよいでしょう。

　図 4.3 と図 4.4 に「消費税」関数と「寿司」関数の Python プログラムを示します。まだ説明していない機能も使っていますが、前述のとおり、この部分については次節で説明します。さらに図 4.5 と図 4.6 に consumption_tax 関数と sushi 関数の使用例を示してあります。これらは Python での関数呼

```
mikan = 80
consumption_tax(mikan * 120)
#80 * 120 * 1.1 = 10560 が計算される
```

図 4.5　消費税関数の使用例

```
sushi(20)
#200 * 20 = 4000 は 5000 円より安いので結果は 4000
```

図 4.6　寿司関数の使用例

出しの具体例にあたります。関数定義・関数呼出しは今後のプログラムでも常に使う機能ですので、ぜひ実際にプログラムを作って使い方を身につけてください。

4.6　モジュール化とライブラリ

関数を使うことで、一度定義してしまえば、同じ処理をいろいろな場所で何度も使うことができます。そのため、あちこちで使えるような基本的な処理は関数として事前に用意しておくのが有意義です。そうしておけば、後日その処理をしたくなった際には、適切な関数を呼出すだけですみます。

この考え方は、現代のプログラミングでは非常に重要です。現代ではほとんどあらゆる物がプログラムで動いています。これを実現するため、世界中で非常に多くのエンジニアが膨大な量のプログラムを書いています。これら膨大な量のプログラムの中には、当然共通する部分がたくさんあるはずです。それら共通部分は、誰かが一度だけ関数として用意しておけば、他のプログラムではそれを呼び出すだけでよくなるわけです。これによってプログラミングの労力は世界全体では劇的に削減できます。

ライブラリとは、あちこちで使えるような関数をひとまとめにしたものです。ライブラリは**モジュール化**に基づくプログラミングを大いに助けてくれます。ライブラリが十分あれば、ライブラリで既に提供されている関数をちょっ

表 4.2 組込みライブラリ関数の例

関数	動作
min(x,y)	x と y の小さい方の値を返す
max(x,y)	x と y の大きい方の値を返す
abs(x)	x の絶対値を返す
print(x_1, x_2, ...)	$x_1, x_2, ...$ を順に画面に出力する
round(x)	x の小数点以下を四捨五入した整数を返す
len(x)	配列 x の長さを返す
range(x, y)	x から $y-1$ までの要素からなる列を返す
open(x)	ファイル x の中身を読み出せるようにする
input()	ユーザからの入力を受け取る
int(x)	x を整数として解釈することを試みる
type(x)	x の型を返す

と組み合せるだけでかなり複雑なプログラムが作成できます。現代のプログラミング言語では多数のライブラリが標準添付されています。またこれに加え、さまざまな追加のライブラリが、さまざまな組織や個人から提供されています。

　以下、Python での場合について説明します。まず、わざわざライブラリを読み込まなくても、非常によく使われるような関数は最初から利用できるようになっています。これも**組込みライブラリ**と呼ばれる一種のライブラリです。表 4.2 は組込みライブラリで提供されている代表的な関数です。4.5 節で使った「小さい方」関数（つまり図 4.4 の min 関数）は実は組込みライブラリにあったのです。なお、表 4.2 にはまだ紹介していない概念を使う関数も一覧性のために挙げてあります。

　Python には他にも豊富なライブラリが標準添付されています。表 4.3 に一例を挙げました。より詳しくは、オフィシャルドキュメント[13]のライブラリーリファレンス[14]を参照してください。なお、4.5 節で使った「切捨」関数（図 4.3 の floor 関数）は math ライブラリに含まれています。

　さらに、標準添付されているもの以外にも Python には非常に豊富なライブラリがあります。プログラミングの前に、自分の目的に合ったライブラリ

---

[13] https://docs.python.jp/3/index.html
[14] https://docs.python.jp/3/library/index.html

表 **4.3**　ライブラリ関数の例

ライブラリ名	関数	動作
math	floor(x)	x の小数点以下を切り捨てた整数を返す
math	sin(x)	正弦関数
math	cos(x)	余弦関数
math	log(x)	x の e を底とした自然対数
datetime	now()	現在の日時を返す
random	randrange(x, y)	x 以上 y 未満の整数をランダムに返す
random	random()	0 以上 1 未満の小数をランダムに返す
random	choice(x)	x に含まれる要素を 1 つランダムに返す
statistics	mean(x)	x に含まれる要素の平均値を返す
statistics	stdev(x)	x に含まれる要素の標準偏差を返す

を探してみるのはよい習慣です。

　表 4.3 を見ればわかるかと思いますが、ライブラリはそれぞれ関連のある関数群をまとめています。たとえば、math ライブラリでは数学に関連するような関数を、statistics ライブラリでは統計計算に関係するような関数を、それぞれ提供しています。これもモジュール化の一貫です。モジュール化では、プログラムを部品に分解し組み立てます。しかし、部品の中にはお互い関連しているものもありますから、ただバラバラに部品にすればよいというものではありません。たとえば、ナイフとフォークは同時に使うのが常識的ですから、どうせナイフを提供するならフォークも一緒に提供するのが適切です。このような状況を捉えるため、モジュール化では「関連のある部品は1 つの塊に、関連のない部品は別の塊に」というように、部品をいくつかの塊（通常これを**モジュール**と呼びます）にまとめてゆきます。Python では、ライブラリがモジュール化での「1 つの塊」に対応することが普通です[15]。

　なお、Python を含む多くのプログラミング言語で、組込みライブラリ以外のライブラリは、明示的にそれを「使用する」と宣言するまで使えません。Python では

import ライブラリ名

とするとそのライブラリが使えるようになります。たとえば math ライブラ

---

[15]そのため、Python ではライブラリをモジュールと呼ぶこともあります。

リを使うなら、

$$import\ math$$

とします。また、ライブラリに含まれる関数を呼び出す場合には

$$ライブラリ名.\ 関数名\ (引数)$$

とします。たとえば math ライブラリの floor 関数で 1.2 の小数点以下を切り捨てたい場合は

$$math.floor(1.2)$$

と書くことになります。図 4.3 が具体的な使用例となっていますので、こちらも参考にしてください。

4.7 コメント

　関数を使うことで、かなり複雑なプログラムも作成できるようになります。また、この後さらにいろいろと学ぶと、プログラムをさらに複雑にすることもできるようになります。そのとき、いかに注意深くモジュール化をし、いかに注意深く変数や関数を使ったとしても、理解の難しいプログラムはどうしても出てきてしまいます。このような場合、プログラムに対してその動作とは別に「説明」をつけられると理解の助けになります。

　プログラミング言語の中では、「説明」は**コメント**と呼ばれる機能で実現されます。コメントは、プログラム中に書かれた、プログラムの動作にはまったく影響しない文章です。もちろん、プログラムとまったく関係ないことを書いてしまうのはよくありません。普通はプログラミング言語だけでは説明しきれないような、そのプログラムの挙動や前提などを日本語や英語で書きます。

　Python では#から行末までがコメントになります。例として消費税関数

（4.5 節）を思い出しましょう。

```
def 消費税 (値段) :
    #消費税は 10％とする。軽減税率は考えない
    return 切捨 (値段 × 1.1)
```

今回はコメントを加えてみました。これにより、1.1 が消費税 10％を表して
いることと、また軽減税率を考えていないのはプログラムの誤りではなく意
図的であることがわかりやすくなっています。

　コメントは、プログラムの動作とは関係ないため、本質的には要らないと
も考えられます。しかし、現代では、プログラムがたくさん必要になり、ま
たそれぞれのプログラムも大きく複雑になる傾向がありますので、コメント
もプログラムの一部として非常に重視されるようになっています。将来大き
く複雑なプログラムを書くことを目指すなら、コメントをつける習慣をもつ
ことをお勧めします。

4.8　テスト・バグ・デバッグ

　ここまで正しくプログラムを作ることができているでしょうか。何度も間
違えている方もいるかもしれませんが、心配ありません。プログラミングで
は誰でも何かと間違えてしまうものです。プログラミングが間違えやすいも
のであるが故に、作ったプログラムが正しいかどうかの確認は重要です。

　プログラムが正しいか確認する最も基本的なやり方は、どんな結果が出る
かわかっている入力を与えて、想像どおりの出力となるか確認する方法です。
たとえば、4.5 節で作った「寿司」関数に対して、以下のようなことを試して
みましょう。

寿司 (20)

結果は 4000 となるはずです。一皿 200 円だから正しそうですね。もう 1 つ
試してみましょう。

寿司 (30)

結果は 5000 となるはずです。一皿 200 円だから単純には 6000 円ですが、上限が 5000 円だからこの結果が正しいことになります。もし結果が 6000 になっていたら何かが間違っていることになります。

このように、結果がわかっている入力を与えて正しさを確認する方法を**テスト**と呼びます。学生時代に散々やったであろう（学生の皆さんは今まさに悩まされているであろう）「テスト」と理屈はまったく同じです。問題を実際に解かせてみることで状況を確認しているわけです。また、プログラムの間違いは**バグ**、バグを修正する作業は**デバッグ**と呼ぶのが一般的です。

テストはプログラムの正しさを確認するための最も基本的なやり方です。これを有効活用するためには、次のことを押さえておくのがよいでしょう。

まず、プログラムにバグがあることを恐れないことです。どんなに熟練したプログラマでも、プログラムを書いていると多かれ少なかれ必ずバグを入れます。しかもそのほとんどはつまらない間違いです（たとえば変数・関数の名前の打ち間違い）。だから、プログラムがバグっていることはまったく恥ずかしいことではありません。プログラミングのスキルの差は、バグを入れないことよりむしろデバッグの速さに現れます。

もう 1 つの大事な考え方は、プログラムがある程度書けたら即座にテストをすることです。プログラムが小さいうちは、テストで間違いが見つかってもデバッグは比較的簡単です。一方、プログラムが大きくなってくると、どこがバグっているのかを特定するのに大変苦労します。プログラムが小さいうちにテストをし、バグを随時修正してゆくことで、大きなプログラムに対するテストでも「前回のテストでここまでは正しさを確認したから、間違っているとすればこの範囲だけ」という状況にしておくことが肝要です。

それでは、テストの結果バグが見つかったらどうすればよいのでしょうか。これは、間違い方によって大きく 2 通りに分けられます。

1 つは、**エラー**によってプログラムが異常終了した場合です。このときに大事なことは**エラーメッセージを読むこと**です。エラーメッセージには往々にして英語でよくわからないことが書いてありますが、間違いに対してネイティブスピーカーがつけてくれた解説のようなものなのですから、活用しない手はありません。実際のところ普通にプログラムを書いていて遭遇するエラーの種類はそう多くありません。英語が苦手でも何度か読んでいれば意味

表 4.4　Python での代表的なエラー

エラー	意味
IndentationError	インデントが正しくない
IndexError	リストの添え字がおかしい
SyntaxError	文法規則違反（例：関数定義に「:」がない）
TypeError	計算対象が不適切（例：リストの割り算）
ImportError	import の実行に失敗した
ModuleNotFoundError	同上
NameError	変数名・関数名が正しくない
UnboundLocalError	同上

がわかるようになります。

　表 4.4 に Python で遭遇しやすいエラーをまとめました。なお、一覧性のためにまだ解説していない機能についてのエラーも載せています。

　エラーメッセージが出ている場合、そのエラーメッセージの内容をふまえ、エラーメッセージで指定された行付近に間違いがないかをよく探す、というのが基本的な方法になります。エラーメッセージが指し示している場所が間違いの原因ではないことも少なくないのですが、その場所に間違いがある場合も多いはずです。どうもその場所に間違いがなさそうな場合には、その場所とエラーメッセージに**関係がありそうな**場所を確認します。たとえば、変数に関するエラーであれば、その場所で使っている変数定義している場所を確認してみましょう。書き方に関するエラーであれば、その場所で使っている括弧などの対応先を確認、などとなります。

　もう 1 つのパターンは、プログラムは動作しているが実行結果がおかしい場合です。この場合、プログラム中に print 関数（表 4.2 参照）を挿入するなどして、変数の値などがどのように変化していっているかを表示させるのが標準的な方法です。たとえば「寿司」関数で 寿司 (30) の結果がおかしければ、以下のようにします。

```
def 寿司 (皿数) :
    値段 = 200 × 皿数
    print(値段)
    return 小さい方 (値段, 5000)
```

このプログラムから表示される「値段」が正しければ、間違っているのは「小さい方」の計算だとわかります。一方で「値段」が間違っていれば、「値段」を求めるためのかけ算が間違っているとわかります。このようにして、間違いがありそうな場所を絞り込んでゆき、最終的に間違いを発見するのがデバッグの基本的なやり方です。

4.9　条件分岐：状況次第で処理を変える

　関数を用いることで、一度用意したプログラムをさまざまな場面で使えるようになります。しかし実際には、すべての場面でまったく同じ処理であることはわずかです。たとえば消費税の場合、軽減税率が適用されるかどうかによって税率が変わってしまいます。また、送料の場合は、購入した金額によって送料が違ったりする場合があります。これらに限らず、往々にして、実際に計算すべき内容は状況によって変わってしまいます。

　プログラムで「状況に応じてする処理を変える」ためには、**条件分岐**というものを使います。条件分岐は、現在どのような状況かを確認し、その状況次第で、以降の計算に使うプログラムを変化させることができる機能です。例として「送料は 600 円だが、2000 円以上購入すると送料が無料になる」という場合を考えましょう。このとき、送料を計算する関数「送料」は条件分岐を用いて以下のように定義できます。

```
def 送料 (値段) :
    if 値段 ≥ 2000 :
        return 値段     #送料は無料
    else :
        return 値段 + 600    #送料は 600 円
```

このプログラムのポイントは、値段が 2000 円以上かどうかで行う処理を分けている点です。これを**if 文**を用いて実現しています。まず、**if** というキーワードの直後に、状況を確認するためのプログラムを書きます。ここでは値段が 2000 以上であることを確認しています。もしこの条件が満たされていた場合、直後のプログラムが実行され、送料が加算されないそのままの値段

が返値になります。条件が満たされていない場合、else（これもキーワードです）以下が実行されます。つまり、送料 600 円が加えられた値が返値になります。なお、細かいことですが、if の行の最後と else の後のコロン（:）は必須なので忘れないようにしてください。

　条件が満たされる場合の処理と、条件が満たされていない場合の処理は、それぞれ他の部分より余計に行頭に空白があること、つまりインデントが深くなっています。関数を定義する場合と同様、条件分岐の場合でも、「どこからどこまでが、いつ実行されるべき処理なのか」を明示するためにインデントを使っているのです。

　軽減税率込みの消費税関数も同様にして定義できます。ただし、軽減税率が適用されるかどうかは値段を見てもわかりませんので、追加の引数として指定するとします。

```
def 消費税 (値段, 軽減税率) :
    #消費税は普通は 10%、軽減税率では 8%とする
    if 軽減税率 :
        return 切捨 (値段 × 1.08)
    else :
        return 切捨 (値段 × 1.1)
```

このプログラムには**真偽値**と呼ばれるものを使っています。真偽値は「状況確認のための条件の計算結果」にあたるものです。True（真）が「条件が満たされていた場合」の、False（偽）が「条件が満たされていない場合」の計算結果を表します。今回のプログラムでは、「軽減税率」変数を追加の引数とすることで、軽減税率の有無にかかわらず汎用的に使える関数になっています。具体的には、「軽減税率」変数が真なら軽減税率を適用し、偽なら軽減税率を適用しません。よって、たとえば 消費税 (1980, True) は「軽減税率が適用される場合での 1980 円の税込み値段」を、消費税 (1980, False) は「軽減税率が適用されない場合での 1980 円の税込み値段」を、それぞれ計算します。

　条件分岐での状況確認のためには、「等しい」「以上」「未満」などの比較がよく使われます。ただし、計算のための記号と同様、数学でよく使われる比

表 4.5 Python での比較のための記号

記号	意味
==	（両辺が）等しい
!=	（両辺が）等しくない
>=	（左辺が右辺）以上
>	（左辺が右辺）より大きい
<=	（左辺が右辺）以下
<	（左辺が右辺）より小さい（未満）

```python
def delivery_fee(fee):
    if fee >= 2000:
        return fee    #送料は無料
    else:
        return fee + 600   #送料は 600 円
```

図 4.7 送料関数のプログラム

```python
import math
def consumption_tax(fee, reduced_tax):
    #消費税は普通は 10%、軽減税率では 8%とする
    if reduced_tax:
        return math.floor(fee * 1.08)
    else:
        return math.floor(fee * 1.1)
```

図 4.8 軽減税率込みの消費税関数のプログラム

較記号はキーボードからは入力しにくいため、表 4.5 に示すような記号を代わりに使います。なお、単なる比較よりもっと複雑な条件を書くこともできるのですが、それは必要になってから学ぶことにしましょう。

図 4.7 と図 4.8 に「送料」関数と軽減税率込みの「消費税」関数の Python プログラムを示します。なお、コメントに日本語を使っていますが、すべて無視されるので問題ありません。

4.10   リスト：大量のデータを表す

　条件分岐と関数を使うことで、同じプログラムをさまざまな場所で使うことができるようになりました。こうなると、大量のデータに対してこれらを使いたくなります。たとえば、少しずつ違う内容で 30 件発注したとして、そのそれぞれに対して送料・消費税込みの値段を計算したい、といった具合です。もちろん 30 回同じ関数を呼び出せばよいのですが、それは面倒でしょう。また、30 回ならまだしも、これが 1000 回 10000 回となってゆくと手作業ではやりきれなくなります。

　コンピュータに 30 回同じことをさせるプログラムを書くのはそれほど難しくはありません。何度も何度も同じことを行うのはコンピュータが最も得意とするところですから、これを実現するためのプログラムを書くのが大変では理屈に合わないわけです。しかし、その前提として、**30 件の発注の内容をひとまとまりのデータとして表現する**ことが必要になります。発注 30 件がひとまとまりのデータであれば、コンピュータに「これを全部処理しておいて」と伝えることができます。一方、ひとまとまりになっていなければ、「発注を全部処理しておいて」とコンピュータに伝えたところで、コンピュータは「発注全部とはどれのことだろう？」と途方に暮れてしまいます。コンピュータは空気を読んでくれないので、こちらのしたいことは正確に、精密に伝えなければなりません。そのためには、「発注全部」をコンピュータがわかるようにモデル化する必要があるのです。

　多数のものをひとまとまりのデータにする方法はいくつかありますが、ここでは最も広く使われている**リスト**を紹介します。リストとは、ひとまとめにしたいデータを全部一列に並べたものです。たとえば、980 円、1260 円、320 円、3370 円の 4 件の発注があったとして、これをリストでひとかたまりにする場合、

$$発注 = [980, 1260, 320, 3370]$$

とします。ここで「発注」は変数で、その値がリストという状況です。

　リストは、基本的には変数をいくつも並べたもののように扱えます。リス

トの各要素は一度定義すれば後で参照することができますし、後から値を変更することもできます。具体的には、リストに続けて角括弧（[]）で「何番目の要素か」を指定することで、その要素の値を参照したり変更したりできます。たとえば、

$$発注\ [2]$$

とすると、「発注」リストの「2番目」の要素を参照できます。ただし、1つ非常に重要な注意があります。**リストは先頭要素を 0 番目として数えます**[16]）。つまり、発注 [0] が 980、発注 [1] が 1260、発注 [2] が 320、発注 [3] が 3370 となります。ちなみに、発注 [4] はエラーとなります。また、

$$発注\ [2] = 780$$

とすると、「発注」リストの中身が更新され、[980, 1260, 780, 3370] となります。2 番目（先頭要素が 0 番目であることに注意してください）の要素が 780 に変更されていることがわかるかと思います。

　リストは非常によく使われますので、Python ではさまざまな機能、つまりライブラリ関数が提供されています。あまりにたくさんあるのですべてを紹介することはできませんが、2 つ便利な機能を紹介しておきます。まず、リストの長さは len 関数によって調べることができます。たとえば、

$$len(発注)$$

とすると 4 が得られます。発注リストには 3 番目までしか要素がない（0 番目から数え始めるため）のですが、長さは 4 であることに注意してください。

　もう 1 つ。リストに対して「掛け算」をすることで、同じ要素がたくさん並んだリストを作ることができます。これを使えば長いリストを簡単に作ることができます。たとえば、

$$[0] * 10$$

---

[16]）なお、Python だけでなく大多数のプログラミング言語で先頭は 0 番目です。

とすると、0 が 10 個並んだリストが手に入ります。また、

$$[10, 20] * 10$$

とすると、10 と 20 が交互に 10 個ずつ並んだ、長さ 20 のリストが手に入ります。

4.11　繰り返し：同じことを何度も行う

　リストを使うことで、大量のデータをプログラム中で表現できるようになりました。次は大量のデータをプログラム中で処理する方法です。これには **for 文**を使います[17]。for 文はあるリストのすべての要素について同じ処理をすることができます。

　例として、「発注」リスト中のすべてに対し消費税を計算する関数「全消費税」を考えてみます。なお簡単のため、ここでは軽減税率は考えないことにしましょう。

```
def 全消費税 (発注) :
    for i in [0, 1, . . . , len(発注) − 1] :
        発注 [i] = 発注 [i] × 1.1    #消費税は 10%
    return 発注
```

このプログラムは 発注 $[i]$ = 発注 $[i]$ × 1.1 の処理を何度も行います。このことを for というキーワードで表しています。さらに、in というキーワードを使って、どのような状況を繰り返すかを表現しています。具体的には、$[0, 1, . . . , \text{len}(発注) − 1]$ の各要素が変数 i の値となる形で繰り返しを行います。つまり、以下のように処理が進むことになります。読みやすくするため、$\text{len}(発注)$ を N とします。

- $i = 0$ として、発注 $[0]$ = 発注 $[0]$ × 1.1 を実行
- $i = 1$ として、発注 $[1]$ = 発注 $[1]$ × 1.1 を実行

---

[17] 他のプログラミング言語でも for 文を用いることが多いのですが、具体的な表記や機能は多少異なります。

$\vdots$

- $i = N - 1$ として、発注 $[N - 1]$ = 発注 $[N - 1] \times 1.1$ を実行

この結果、1.1 倍する処理が $N = $ len(発注) 回行われ、最終的には「発注」
リストのすべての要素が消費税込みの値段となります。

「発注 $[i]$ = 発注 $[i] \times 1.1$」の部分のインデントが深くなっていることに
気をつけてください。関数や条件分岐の場合と同様、for 文でも「どの処理
を繰り返し行うか」を明示するためにインデントを使います。また、最後の
「return 発注 $[i]$」はインデントが逆に浅くなり、for 文の冒頭と同じになっ
ています。このため、「return 発注」は for 文の繰り返しの中で行われるの
ではなく、繰り返しがすべて終わってから行われます。

また、これも関数や条件分岐と同様ですが、for の行の末尾のコロン（:）
は必須です。忘れやすいので気をつけましょう。

もう 1 つの例として、今度は「発注」リスト中のすべての金額の合計を計
算するプログラムを書いてみます。

$$\begin{aligned}
&\text{def 発注合計 (発注)} : \\
&\quad \text{合計} = 0 \quad \text{\#最初は合計は 0} \\
&\quad \text{for 価格 in 発注} : \\
&\quad\quad \text{合計} = \text{合計} + \text{価格} \\
&\quad \text{return 合計}
\end{aligned}$$

このプログラムも全消費税関数と考え方は同じです。「合計」は最初 0 から
始まり、for 文では「合計 = 合計 + 価格」が何度も実行されます。for 文
の各繰り返しでは、「発注」の各要素が「価格」となります。よって、「発注」
が [価格$_1$, 価格$_2$, ..., 価格$_n$] だったとすると、以下のような動作になります。

- 価格 = 価格$_1$ として、合計 = 合計 + 価格 を実行（その結果 合計 は 価
  格$_1$ に）
- 価格 = 価格$_2$ として、合計 = 合計 + 価格 を実行（その結果 合計 は 価
  格$_1$ + 価格$_2$ に）

$\vdots$

- 価格 = 価格$_n$ として、合計 = 合計 + 価格 を実行（その結果、合計 は 価格$_1$ + 価格$_2$ + $\cdots$ + 価格$_n$ に）

最終的に正しく合計価格が求まっていることが見て取れるかと思います。な おこの過程は、「価格」変数の値が何度も何度も変更できることで実現できて います。このように、変数値の変更は繰り返しを伴うプログラムでは特に大 事になります。

図 4.9 と図 4.10 に「全消費税」関数と「発注合計」関数の Python プログラ ムを示します。なお、$[0, 1, \ldots, \mathrm{len}(\text{発注}) - 1]$ の部分を表すために、Python では range 関数[18]というものを使います。表 4.2 でも紹介していますが、 range(x, y) とすることで x から $y - 1$ までの要素からなる列を得ること ができます。さらに図 4.11 に all_consumption_tax 関数の使用例を示しま した。こちらはリストを使った Python プログラムの具体例にもなっていま す。リストも数値と同様、変数に格納したり、関数の引数としたりできるこ とを確認してください。

```
def all_consumption_tax(order):
    for i in range(0, len(order)):
        order[i] = order[i] * 1.1   #消費税は 10%
    return order
```

図 4.9　全消費税関数のプログラム

```
def total_fee(order):
    total = 0
    for fee in order:
        total = total + fee
    return total
```

図 4.10　発注合計関数のプログラム

---

[18]range 関数は実際にはリストではなく「一定範囲の整数（Python の言葉では range）」 を返しますが、for 文はこれも問題なく処理できます。詳しく知りたい人は B.3.2 節を 参照してください。

```
items = [980, 1260, 780, 3370]
all_consumption_tax(items)
#items の各要素が 1.1 倍されたリストが求まる
```

図 4.11　全消費税関数の使用例

4.12　本章のまとめ

本章では以下のことを学びました。

- 現実の問題をプログラムで扱うためのモデル化（4.1 節）
- 基本的な計算（足し算やかけ算とか）の書き方（4.2 節）
- 計算結果を覚えるための変数（4.3 節）
- 計算手順に名前をつけるための関数（4.4 節・4.5 節）
- プログラムを構造化するためのモジュール化と、再利用するためのライブラリ（4.6 節）
- プログラムを読みやすくするためのコメント（4.7 節）
- プログラムの間違いを見つけるためのテストと、見つかった間違いの修正方法（4.8 節）
- 状況に応じた計算をするための条件分岐（4.9 節）
- 多くのデータを覚えるためのリスト（4.10 節）
- 同じ処理を何度も行うための繰り返し（4.11 節）

本格的なプログラミングのための準備は以上ですべてです。駆け足になってしまいましたので、理解が追いついていない部分もあるかと思います。とはいえ心配する必要はありません。どれも今後さまざまな具体例を通して何度も触れることになりますので、それを通して理解を深めてもらえれば大丈夫です。

## 第5章

株価の分析

　皆さんは株価に興味はあるでしょうか。株式売買を生業にしているような人もいるかもしれません。また、株式を買うこともあるけれども、株主優待などが目的で株価はあまり気にしていない、という人もいるかもしれません。いずれにしても、買った株式の株価が上がれば嬉しいでしょうし、下がれば悲しいでしょう[1]。できることなら、今後株価が上がりそうなら買い足し、下がりそうなら早めに売り抜けたいものです。コンピュータを使ってうまくやれないでしょうか？　本章ではそんなことを考えてゆきたいと思います。

　株価に興味がない人も安心してください。本章で考える内容は、株価特有の話ではなく、さまざまな場面で応用できます。地球温暖化がどれくらい起こっているのかを知る、という話でも構いません。また、塾に通うようになってから成績は上がったのか、という話でも構いません。ある商品の今月の需要を予想する、という話でも構いません。または、ある感染症の新規患者数が増えているのか減っているのか、という話でもよいでしょう。株価にしても、気温にしても、成績にしても、需要にしても、新規感染者数にしても、日々のデータは比較的簡単に手に入りますが、それを見ていても上がっているのか下がっているのかはなかなか判断できません。さまざまな理由で日々の値は変動していますので、「昨日より今日は大きな値だから上昇傾向」などと単純に判断することはできないのです。今日は偶然上がっただけで、明日は大きく下がるかもしれませんから。そのような乱雑なデータから、なんとか中長期的な傾向を読み取れないか、というのが本章の本質的な内容です。

　なお、本章では全体を通して一連のプログラムを作ってゆきます。そのため、具体的な Python プログラムについては順次示してゆくのではなく、最

---

[1]場合によっては「悲しい」だけではすまないかもしれませんが……。

後に 5.6 節でまとめて掲載します。とはいえ、一度に全体を作ろうとするの
は、打ち込むのも大変ですし、間違いがあったときの修正も大変です。関数ご
とに作ってはテスト（4.8 節）する、というように進めるのがよいでしょう。

5.1　株価データのモデル化

　株価データをプログラムで扱うためにはどうすればよいでしょうか。レジ
スターのとき（4.1 節）でも強調しましたが、まず必要なのはモデル化です。
「株価」というものがプログラム中ではどのようなデータに対応し、私たちが
やりたいのがどのような処理であるかをはっきりさせなければ、プログラム
を作りようがありません。
　どうモデル化するかはかなり大きな影響があります。株価自体は単なる数
値ですが、株価にまつわる物には数値では直接は表しにくいものも少なくあ
りません。たとえば、株価を視覚的に表現したチャートに、株価だけではな
く、いわゆる「ロウソク足」のようなものが付いているのを見たことがないで
しょうか（図 5.1）。このロウソク足は単なる数値だとは言えない部分でしょ
う。また、急速な変動は「値幅制限」に引っかかることもあります（ストッ
プ高・ストップ安という言葉の方がなじみがあるでしょうか）。「値幅制限に

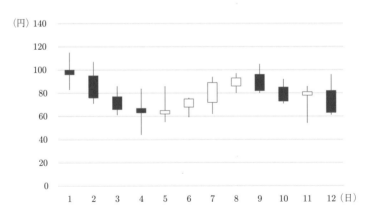

図 5.1　株価チャートの一例

引っかかったかどうか」も数値だけからは見えにくい情報です。さらに、株価にはさまざまな要因が影響を与えます。曜日が影響を与える場合もあるでしょうし、株式によっては天候などが影響することもあります。ニュースはもちろん影響が大きいでしょうし、他の株式の価格が影響することもあるかと思います。そのようなさまざまなものを株価分析の一部として考えるかどうかは、まずモデル化にかかっています。極論すれば、モデル化次第で結論まで変わりうるのです。

とはいえ、本章の目的は株式で大儲けすることではなく[2)]、株価の分析を通じてプログラミングを学ぶことです。そのため、あまり複雑なモデルを考えると、プログラムが複雑になってしまい、本章の目的からは遠ざかってしまいます。そこでここでは、話を簡単にするために、以下のようなごく単純なモデル化を考えましょう。

- データは、各日の株価が並んだリストとします。各日の株価は、各日の決まった時間（たとえば正午）の価格とし、その日の間の変化は無視します。
- 目的は、中長期的に見て（たとえば1ヵ月とかの単位で）、株価が上昇傾向にあるか下降傾向にあるか、そしてその傾向に比べて現在の株価が高いか安いかを調べることとします。

たとえば $[100, 110, 98, 93, 125, 113, 128]$ というデータであれば、1日目 100円、2日目 110 円……という株価の推移を表していることになります。データのモデル化についてはこれでよいのですが、目的のほうはまだそれほど明確ではありません。何がどうなったら「上昇傾向」だと言えるのか、「傾向に比べて高い」とはどのようなことなのか、よくわからない部分があります。こちらについては、以降もう少し深く考えてゆきましょう。

5.2 平均と移動平均

まずは「現時点での株価は高いか安いか」を考えることにします。もちろ

[2)] 株式で儲けたい人は別の書籍を参考にしてください。

ん、これにもいろいろな考え方がありえます。が、どんな方法であっても、
「過去のデータから予想される現在の株価」と「現在の実際の株価」を比べる
ことになるかと思います。過去のデータから予想される株価より安いのなら
買い時ですし、高いなら売り時でしょう。では、過去のデータから株価をど
う予想すればよいでしょうか？

　最も単純な方法は「今日の株価は昨日の株価と同じだ」と予想することで
しょう。この方針は「株価は 1 日でそう大きく変動しない」という発想に基
づいていると言えます。よって、この方針に従うと「1 日で大きく変動した
なら売り時・買い時」という判断をすることになります。一見合理的ですが、
よく考えてみるとあまりよいとは思えません。たとえば、昨日より大きく値
下がりした場合、この方法では「買い時」と判断することになります。しか
し、これだけでは、今日の価格が非常に安くてお買い得なのか、昨日の価格
が理不尽に高かっただけなのか、判断できません。また多くの場合、1 日で
大きく値下がりした場合はそれ相応の理由（たとえばその企業の業績悪化が
報じられたとか）があるわけですが、そのタイミングで「買う」のも直感に
合いません。

　「昨日」という短期的な比較がダメだとすれば、長期的に見てみるのはどう
でしょうか。つまり「過去からの株価の平均」を現在の株価だと予想してみ
る、というのはどうでしょうか。この方針は、「株式にはおおむね適正価格が
ある」という発想に基づいていることになるでしょう。株価は日々上がった
り下がったりしますが、全体として見れば、適正価格よりも安くなれば上が
るし、適正価格より高くなれば下がる、という考え方です。だとすると、今
適正価格より安かったならば、買っておけば（少なくとも中長期的には）適
正価格へ戻ってくるので得をするだろう、ということになります。

　株価の平均を求めるプログラムはそんなに難しくありません。4.11 節で考
えた総和を求めるプログラムとほとんど同じで、違いは最終結果をデータ数
で割ることだけです[3]。なお、このプログラムは 5.6 節の Python プログラ
ムの 5–①の部分に対応します。以降のプログラムについても同様で、番号は

---

[3]なお、表 4.3 で挙げたように、平均は statistics ライブラリの statistics.mean 関
数でも計算できます。

5.6 節のプログラムとの対応を表しています。

def 平均価格 (株価データ) :

合計 = 0 #最初の合計は 0

for 価格 in 株価データ :

合計 = 合計 + 価格

return 合計 / len(株価データ)

しかし、平均を使うやり方にも欠点があります。たとえばある企業は近年成長を続けているとしましょう。この場合、過去からの長期間のデータを使ってしまいますと、その企業が現在ほど成長していない時代の株価も考慮に入れてしまいますので、「適正価格」の見積もりがむしろ不正確になってしまいます。このように、中長期的に株価が変動している場合、平均を単純に使ってしまうと、その変動を捉えることができなくなってしまいます。

このように、短期的なデータ（たとえば昨日のデータ）を用いる方法も、長期的なデータを用いる方法（たとえば全期間の平均）も、どちらも長所短所があります。そのため、多くの場合は適当な期間、たとえば過去 1 週間とか 1ヵ月とか、のデータを使います。特に、適当な期間の平均値を求たものが「移動平均」と呼ばれ広く用いられています。

移動平均を求めるプログラムは以下のようなものです（5–②）。

def 移動平均価格 (株価データ, 日数) :

開始日 = 大きい方 (0, len(株価データ) − 日数)

　　#データ数より日数が大きい場合は日数にかかわらず最初から

最終日 = len(株価データ) − 1

return 平均価格 (株価データ [開始日 : 最終日 + 1])

平均の場合とは違い、移動平均では何日分の平均を計算するかを追加の引数として取っています。これをふまえ、考慮する最初の日を求め、その日から最終日までの平均値を求めています。たとえば株価データが 100 日分あり、10 日分の移動平均を求めるなら、91 日目から 100 日目までの平均を求めます。これは、「株価データ」リストの 90 番目から 99 番目に対応します（リストは 0 番目から始まることに注意してください）。そのため、開始日はリストの要素数（上の例なら 100）から平均を取る日数（上の例なら 10）を引い

たものになります。ただし、要素数より日数の方が多い場合、開始日がマイナスになっておかしくなってしまいますので、その場合はリストの最初（つまり 0 番目）から処理するようにしています。最終日は、リストの最後の要素ですので、要素数引く 1 になります。

　平均値の計算は先ほどの「平均価格」プログラムに任せています。これを実現するため、Python の機能を使い、リストから注目している範囲の値のみを切り出しています。リスト a に対して、$a[n:m]$ は a の n 番目から $m-1$ 番目までの要素を抽出したリストを求めるものです。$m-1$ 番目までの要素を抽出しますので、「最終日」番目までの要素が欲しい場合、「最終日 $+1$」を指定する必要があることに気をつけてください。

　平均値の計算に先に作った「平均価格」プログラムを用いているのは、地味ながら大事なことです。これによりプログラム作成の手間が減っているだけでなく、「移動平均価格」関数が何をしているプログラムなのかがより理解しやすくなっています。これは 4.4 節でふれた**モジュール化**の一例となっています。「移動平均を求める」という処理を「適当な期間を切り出す」という処理と「平均価格を求める」という 2 つの独立した処理に分解し、それらを組み合わせることで、より簡単かつ理解しやすいプログラムになります。本章で作成するプログラムは以降も、モジュール化の考え方に基づき、できる限りそれまでに作ったプログラムを再利用することにしましょう。

　さて、「移動平均価格」関数は今日の株価を予想するのに有用ですが、せっかく移動平均を考えるなら、ついでに中長期的な上昇・下降の傾向についても分析しましょう。具体的には、「過去からどのように移動平均が変化してきたか」を調べます。移動平均では、直近の細かい変化（昨日に比べて今日は上がったとか下がったとか）の影響が軽減されるため、中長期的に株価がどう変動しているかをより見やすくなります。そのため、移動平均の値が徐々に増えているなら「上昇傾向」、徐々に減っているなら「下降傾向」と判断してもよさそうです。過去からの移動平均を求めるプログラムは以下のようなものです（5–③）。

```
def 移動平均推移 (株価データ, 日数) :
    結果 = [0] × len(株価データ)   #結果格納用リストの準備
    for i in [0, 1, . . . , len(株価データ) − 1] :
        結果 [i] = 移動平均価格 (株価データ [0 : i + 1], 日数)
    return 結果
```

このプログラムでは、「株価データの j 番目までの要素からなるリスト」を作っては移動平均を求める、ということを繰り返しています。この結果を格納するため、最初に「株価データ」に等しい長さの「結果」リストを用意しています。なお、移動平均の具体的な計算は「移動平均価格」関数に任せています。これもモジュール化の一環です。

5.3　可視化

　できあがったプログラムは正しいでしょうか？　これぐらい複雑なプログラムとなってくると、どこかで何かを間違えていてもおかしくありません。もちろん、テスト（4.8 節参照）をすれば正しさをある程度確認できます。しかし残念ながらテストは万能ではありません。テストには、結果を手計算で確認できるような小さな入力以外は試しにくい、という欠点があるのです。今回本当にやりたいのは、たとえば 3 年間 1000 日分のデータに対し、2ヵ月60 日単位の移動平均を求める、とかでしょう。このような大きな入力の場合、テストをしてみてもその結果が正しいかどうかよくわかりません。

　テストでは正しさを確認しにくい場合に有効な手法として**可視化**があります。計算結果を目で見て理解しやすいような形で表示し、それがだいたい正しそうかどうかを人間が目で見て判断する方法です。今回の例であれば、大きなデータに対して実際に移動平均を計算・表示してみて、平均を取る期間が長くなるほど変動が緩やかになっていれば、結果はだいたい正しそうだと言えるでしょう。

　まずは移動平均等の値をグラフとして表示することを考えます。Python には豊富なライブラリがあるのですが、残念ながらすべての Python システムに標準添付されているライブラリには、グラフを描くための機能はありませ

ん。そこでここでは、標準添付ではないものの多くの Python システムに付属している Matplotlib[4]ライブラリを利用します。なお、Matplotlib ライブラリが利用できるかどうか、また利用できるとしてどのような手順が必要となるかは、お手元のコンピュータの状況に依存して大きく異なりますので、読者の環境に合わせて Web 等で調べてみてください[5]。

　いま、変数「株価」に株価データが保存されているとしましょう。このとき、以下のような処理を行うと、図 5.2 のような結果が得られます[6]（5–④）。

```
import matplotlib.pyplot
結果 1 = 移動平均価格 (株価, 30)
結果 2 = 移動平均価格 (株価, 120)
matplotlib.pyplot.plot(株価)
matplotlib.pyplot.plot(結果 1)
matplotlib.pyplot.plot(結果 2)
matplotlib.pyplot.show()
```

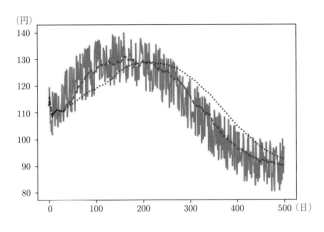

図 5.2　移動平均価格の可視化結果

---

[4] https://matplotlib.org/
[5] 「付録 A」で解説している「Anaconda をインストールする」方法で Python システムを導入した場合には、Matplotlib ライブラリは最初から利用できます。
[6] ただし、モノクロでの見やすさのために線の形式（破線・点線を使う）などについて追加の指定を行っています。

ここでは、500 日分の株価データについて移動平均を求めています。薄い色の実線がもとの株価データ、破線が 30 日単位の移動平均、点線が 120 日単位の移動平均です。元の株価データは毎日非常に大きく変動していますが、移動平均を求めることで細かな変動の影響が取り除かれています。また、移動平均の日数を増やすとより長期的な傾向が現れることも見て取れるかと思います。

5.4 平均をとる日数の調整

　さて、移動平均を求めることで、短期的な細かな変動の影響を排除しつつ、ある程度長期的な傾向を調べることができました。とはいえ、ここまでで疑問がいくつか浮かんでいるのではないかと思います。まず、この「移動平均」を用いた方法の有効性はいったいどの程度なのでしょうか？　可視化結果を見る限りまったく無意味ということもなさそうですが、とはいえこれを信じて株式を売買して儲かるかと言われると、どうでしょうか。もう 1 つ関連する話題ですが、いったい何日単位の移動平均を求めればよいのでしょうか。平均をとる期間がごく短ければ、結局短期的な変動に左右されてしまいます。一方、平均をとる期間が非常に長ければ、今度は長期的な変動すら見落としてしまうことになりかねません。適切な期間を設定する必要があり、それによって有効性も変わってきそうです。

　このような疑問に答えるには専門家に頼るしかないと思うかもしれません。しかし実は、コンピュータの計算能力を活用すれば、この疑問を力ずくで解決することができます。

　まず有効性を評価する方法を考えましょう。有効性の指標は「将来の値動きをどれだけ正確に予想できるか」というのが自然でしょう。もちろん、将来の値動きはわかりませんので、代わりに「過去の値動きをどれだけ正確に予想できているか」を使いましょう。たとえば、500 日分の株価データがあるとして、1 日目から 499 日目までの株価を用いて 500 日目の株価を予想する、というクイズを考え、どれくらい正確に株価を予想できたかで有効性を評価するのです。

　具体例を用いて説明しましょう。たとえば株価が $[100, 120, 110, 90, 80, 110]$

と変動しているとします。この値動きを仮に2日単位の移動平均で、つまり
翌日の株価を直近2日の平均値で予想することにすると、翌日の株価の予想
値は [100, 110, 115, 100, 85, 95] となります。予想と実際のずれは、平均して

$$\frac{(120-100)+(110-110)+(115-90)+(100-80)+(110-85)}{5} = 18$$

となります。おおよそ 100 ぐらいの株価に対し平均 18 ぐらい、つまり 2 割弱
ほど予想と実際の値が乖離していた、という結果が得られました。この結果
をもって「精度の高い予想であった」と判断するか「精度の低い予想であっ
た」と判断するかはさておき、予想の精度を評価する1つの指標になってい
ることはわかっていただけるかと思います。

　この評価値を計算するプログラムを作ります。移動平均と実際の価格の差
の平均値を求めるわけですから、「平均価格」のプログラムを少し変更すれば
できそうです (5–⑤)。

```
def 移動平均評価 (株価データ, 日数) :
    移動平均 = 移動平均推移 (株価データ, 日数)
    総和 = 0
    for i in [1, 2, . . . , len(株価データ) − 1] :
        総和 = 絶対値 (株価データ [i] − 移動平均 [i − 1])
    return 総和 / (len(株価データ) − 1)
```

「移動平均評価」関数は、まず「移動平均推移」関数で移動平均、つまり予測
値を求めます。次に、その予測値と実際の株価データの差の平均値を求めて
います。予測値と株価の差は、単に引き算をするだけでは正負どちらかわか
りませんから、絶対値をとっています。予測値と株価データは1日ずれるこ
と、つまり $i-1$ 日目までのデータを使って予測したものと i 日目のデータと
比較することに注意してください。また、最終的に len(株価データ) − 1 で
割っているのも同様の理由です。

　さて、このように評価値を設定したとしても、依然として「何日単位の移
動平均がよいのか」はわからないと感じるかもしれません。しかしこの問題
は力ずくで解決することができます。考えられうるあらゆる日数すべてにつ
いてこの評価値を求め、最もよい物を採用すればよいのです。つまり、1日

単位で移動平均を行った場合の評価値、2日単位で移動平均を行った場合の
評価値……と順にすべて求め、最も評価値が小さいのは何日単位の移動平均
か、を調べるのです（5–⑥）。

```
def 最適移動平均 (株価データ)
    結果 = [0] × (len(株価データ) − 1)    #結果格納用リストの準備
    for i in [1, 2, ..., len(株価データ) − 1] :
        結果 [i − 1] = 移動平均評価 (株価データ, i)
    return 結果
```

「最適移動平均」関数は、文字どおりすべての日数について「移動平均評価」
関数の結果を求めています。つまり、「結果」の0番目は1日単位での移動平
均の評価値、「結果」の1番目は2日単位での移動平均の評価値、となりま
す。そして、最終的には期間全体の平均値（つまり「株価データ」のデータ
数ぶんの日数での移動平均）の評価値まで求めます。

　「最適移動平均」関数の結果から、評価値が最も小さかった日数を探すこと
で、最適な移動平均日数を求めることができます。さらに、移動平均を使う
のはそもそもよいアプローチだったのか、についても分析できます。具体的
には、単純なアプローチ、たとえば「前日の値を翌日の予測値として使う（1
日単位の移動平均）」とか「データ全体の平均値を予測値として使う（日数最
大の移動平均）」とかの方針の評価値と、最適な日数を使った移動平均での評
価値がどの程度異なるかを調べます。評価値が顕著に減少していたなら移動
平均を使うことは有益だったと言えるでしょう。

　例として、図5.2のデータについて、実際に「最適移動平均」関数を実行
し、その結果を可視化してみましたところ、図5.3のようになりました。少
なくともこの例については、「データ全体の平均値を予測値として使う」方法
は評価値が非常に悪く、しかし「前日の値を翌日の予測値として使う」方法
もよくはなく、「それほど長くない日数単位の移動平均を使う」ことで評価値
を大きく改善できていることがわかります。ちなみに、この例については18
日単位の移動平均が最適でしたが、グラフからもわかるように、数日から1ヵ
月程度の移動平均であれば評価値は大差ありませんでした。

　以上の結果はもちろん具体的な株価データによって異なるでしょう。移動

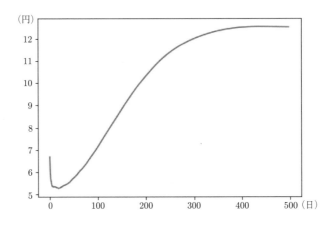

図 5.3 移動平均の評価値

平均の最適な日数も異なるはずです。しかし、これは欠点ではなく、むしろ長所です。株式ごとに短期的な変動と長期的な傾向がどのように組み合わさるかは異なるのですから、どのような日数での移動平均を使うのが最適なのかも異なるのがむしろ自然です。たとえば、急成長している企業の株式なら短い日数での変動を見るのがよいでしょうし、何らかの要因によって株価が大きく変動しやすい企業ならある程度長い日数を考慮した方が安全でしょう。ここまで作ってきたプログラムの利点は、直感に頼ることもあやふやな経験則に頼ることもなく、データのみから、その株式にとって最適な移動平均の日数を自動的に求めることができることです。

　実は、本節でやってきたことは、**機械学習**で行われていることによく似ています。機械学習でも、何らかのアプローチ（今回であれば「移動平均」）と評価値を用意し、評価値を最適にするような設定（今回であれば「移動平均の日数」）を過去のデータから求めることで、未来をできる限り正確に予想できるようにする、というのが基本的な構造になっています。もちろん、最先端の機械学習で用いられているアプローチは移動平均よりははるかに複雑で、そのため「最適な設定」の計算もなかなか一筋縄ではいきません。とはいっても、大雑把にはどんなことをやっているかを知ることは、機械学習が有効に使える場面を判断したり、また機械学習の限界を知ったりすることに

役立つかと思います。

5.5 もう少し知りたい人へ

　本章では株価の分析を取り扱ってきました。とはいえ、内容は「株価を使って儲ける方法」というよりは、「さまざまな理由で細かく変動しているデータから、全体的な傾向を読み取る」というものでした。株価で儲けるだけならば、実は全体的な傾向を知る必要はありません。明日上がるか下がるかだけわかっていれば十分です。そこまで極端なことを言わないとしても、本章でやってきたことは株価で儲けるためにはちょっと迂遠でしょう。特に、儲けるためには株価上昇・下降の兆しをいかに**早く**捉えるか、ということが非常に重要になりますが、本章ではそのような分析はしていません。どちらかというと「株価が上昇・下降していたことを後日確かめる」方法について考えてきたことになります[7]。

　細かな変動を取り除き全体的な傾向を読み取るときには、平均や移動平均は最も基本的な方法です。平均や移動平均のよいところは、どんな種類のデータに対しても簡単に使え、それなりにまともな結果が得られるところです。一方で、全体的な変動や細かい変動の理由が多少なりともわかっている場合は、もっと別の方法を使うことで、より正確に傾向を掴むことができる場合もあります。

　たとえば、「明日の株価」への影響は「今日の株価」が最も大きく、昨日、一昨日……とさかのぼるにつれて影響が小さくなることがわかっていたとしましょう。この場合、単なる平均や移動平均ではなく、重みつき平均・重みつき移動平均を使う方が、今日の株価をよりよく予想できるでしょう。重みつき平均とは、それぞれの日の株価を均等に足し合わせるのではなく、近い過去のデータほど影響が大きくなるよう重率をかけるものです。この方法は株価には効果的だと思えます。株価の場合、直近の変動を見て売買を決めて

---

[7]移動平均は過去のデータに予測値が引っ張られるため、むしろ上昇・下降の傾向は遅れて現れる傾向があります。実際、図 5.2 でも、元データに比べると 30 日単位の移動平均のほうが、また 30 日単位に比べると 120 日単位の移動平均のほうが、上昇・下降の傾向がより遅れて出てきていることが見て取れると思います。

いる人がそれなりにいるでしょうから、直近の値をより重視するのは自然だからです。しかし、たとえば気温の変動や成績の変動など、必ずしも直近の値の影響が大きくなさそうなデータの場合、多くの場合重みをつけない平均のほうがよい予想となります。また、たとえば曜日による影響など、ある程度周期的な傾向があることがわかっている場合、それに特化したまったく別の手法を用いることで、より精度の高い予想をできる可能性もあります。

　このように、データをプログラムを使って解析するという話では、そのデータがどのような性質をもつものなのかをよく見極めることが大事になります。この見極めに失敗した場合、いかに高度な機械学習などを用いて最適な日数や重みなどを学習したとしても、そのデータを理解したり、また今後の予想をしたりといったことはうまくいきません。結局のところプログラミングはあくまで道具に過ぎません。活かすも殺すも使い手次第なのです。

5.6　本章で作成したプログラム

　本章で作成した Python プログラムを図 5.4 と図 5.5 に示します。本章での説明との対応はほぼ明らかかと思いますが、以下の 3 点については注意してください。

- 皆さんがこのプログラムを動かす際には、株価の推移に対応するデータが必要になります。ここでは、Python 標準添付の csv ライブラリを使い、CSV 形式のファイルを読み込んでいます[8]。この形式のファイルはは Microsoft Excel などの表計算ソフトで作成できます。具体的には、図 5.6 のように、各日のデータだけを 1 行目に左端から順に並べたデータを用意し、形式として「CSV（コンマ区切り）」を指定して data.csv という名前で保存し、プログラムと同じフォルダに置いてください。

- 本文中でも説明しましたが、Matplotlib ライブラリの使い方はそれぞれ

---

[8]具体的には、csv.reader 関数で data.csv というファイルを読み込み、next 関数で先頭行を取り出し、その各列を float 関数で数値に変換しながら sample_data に格納しています。この部分はかなり Python 特有の機能に依存していますので、特に興味がある場合以外は理解する必要はありません。

```
def average_price(stocks):
  #「平均価格」関数
  total = 0                                              ⎫
  for price in stocks:                                   ⎬ 5-①
    total = total + price                                ⎪
  return total / len(stocks)                             ⎭

def moving_average_price(stocks, period):
  #「移動平均価格」関数
  start = max(0, len(stocks) - period)                   ⎫
    #データ数より日数が大きい場合は日数にかかわらず最初から  ⎬ 5-②
  end = len(stocks) - 1                                  ⎪
  return average_price(stocks[start : end + 1])          ⎭

def moving_average_changes(stocks, period):
  #「移動平均推移」関数                                    ⎫
  results = [0] * len(stocks)   #結果格納用リストの準備     ⎪
  for i in range(0, len(stocks)):                        ⎬ 5-③
    results[i] = moving_average_price(stocks[0 : i + 1], ⎪
    period)                                              ⎪
  return results                                         ⎭

# データの読み込み
import csv
row = next(csv.reader(open('data.csv')))
stock_data = [0] * len(row)
for i in range(0, len(row)):
    stock_data[i] = float(row[i])

#「移動平均推移」の可視化                                   ⎫
import matplotlib.pyplot                                 ⎪
result1 = moving_average_changes(stock_data, 30)         ⎪
result2 = moving_average_changes(stock_data, 120)        ⎬ 5-④
matplotlib.pyplot.plot(stock_data)                       ⎪
matplotlib.pyplot.plot(result1)                          ⎪
matplotlib.pyplot.plot(result2)                          ⎪
matplotlib.pyplot.show()                                 ⎭
```

図 5.4 株価分析プログラム（移動平均の計算）

```
def moving_average_evaluation(stocks, period):
  #「移動平均評価」関数
  moving_ave = moving_average_changes(stocks, period)
  total = 0                                                    5-⑤
  for i in range(1, len(stocks)):
    total = total + abs(stocks[i] - moving_ave[i - 1])
  return total / (len(stocks) - 1)

def best_moving_average(stocks):
  #「最適移動平均」関数
  results = [0] * (len(stocks) - 1)   #結果格納用リストの準備        5-⑥
  for i in range(1, len(stocks)):
    results[i - 1] = moving_average_evaluation(stocks, i)
  return results

#「最適移動平均」の可視化
matplotlib.pyplot.plot(best_moving_average(stock_data))
matplotlib.pyplot.show()
```

図 5.5　株価分析プログラム（移動平均の評価）

図 5.6　表計算ソフトによるデータ作成例

のコンピュータの状況等によって異なります。インターネットに多くの
情報がありますので、検索などをして皆さん自身の状況に適した使い方
をしてください[9]。

- moving_average_evaluation 関数中に現れる abs 関数は絶対値を求め
るものです（表 4.2 参照）。

---

[9] なお、Jupyter Notebook（付録 A 参照）を用いている場合、可視化のためには、プロ
グラムの冒頭に「`%matplotlib inline`」の 1 行が必要な場合もあります。

第6章　暗号の解読

　みなさんはハッカーに憧れたことはないでしょうか。ハッカーとは、コンピュータやプログラミングについて非常に高度な知識・技量をもっており、それを用いてさまざまな活躍をする人のことです。小説や漫画、映画などではハッカーがさまざまなコンピュータシステムに侵入したりして（良くも悪くも）大活躍することがあります。また、ニュースなどでも「サイバー攻撃」などという形で、各国のハッカーによる活動が取り上げられています。

　本物のハッカー達がどのような活動をしているかはさておき、創作物で活躍するようなハッカーになるためには、やはりまずはパスワードを解読しコンピュータシステムに自由に侵入する必要があるでしょう。本章ではパスワードの解読に取り組んでみましょう。

　もちろん、今現実に使われているシステムのパスワードはそう簡単に解読できないようになっていますし、たとえできたとしても犯罪になってしまいます。そこで、ここでは歴史的に有名な暗号である「シーザー暗号」を取り上げることにします。シーザー暗号は、古代ローマの大英雄ジュリアス・シーザー（ガイウス・カエサルという呼び方のほうが馴染み深いかもしれません）が使ったとされる暗号です。これを解読できればあの大英雄の鼻を明かすことができるとなると、わくわくしないでしょうか。

　なお、以降の内容からもわかることですが、現代ではシーザー暗号はほとんど役に立ちません。そのため、もしあなたがシーザーが大好きだったとしても、シーザー暗号を使って大事な情報を秘匿するのはお勧めできません。また一方で、いかにシーザー暗号が時代遅れだとしても、もしこれを暗

（alexlmx/PIXTA（ピクスタ））

表 **6.1**　3 文字分ずらすシーザー暗号での文字の対応

変換元	A	B	C	D	E	F	G	H	I	J	K	L	M
変換先	D	E	F	G	H	I	J	K	L	M	N	O	P

変換元	N	O	P	Q	R	S	T	U	V	W	X	Y	Z
変換先	Q	R	S	T	U	V	W	X	Y	Z	A	B	C

号として用いている人がいた場合[1)]、それを解読するのは不正アクセス禁止法違反として罪に問われる可能性があります。あくまでパズル・思考実験として楽しんでください。

　なお、本章では全体を通して一連のプログラムを作ってゆきます。そのため、具体的な Python プログラムについては順次示してゆくのではなく、最後に 6.9 節でまとめて掲載します。とはいえ、一度に全体を作ろうとすると大変ですので、関数ごとに作ってはテスト（4.8 節）するのがよいでしょう。

6.1　シーザー暗号とは

　シーザー暗号は、アルファベットを順に「ずらす」ことで文章を読めなくしてしまうものです。シーザーはラテン語を使っていたのではないかと思いますが、私は（そしておそらく読者の大部分も）ラテン語には不案内ですので、英語を例として説明します。なお、日本語でも同様のことはできるのですが、英語のほうがプログラムが簡単になります。

　ここでは例として 3 文字分ずらすことを考えましょう。つまり、A は D に、B は E に、C は F に……とそれぞれ変換し、W は Z に変換します。X は対応する文字がないので A に戻り、以降、Y は B に、Z は C に変換します（表6.1 参照）。なお、カンマやピリオドなどの記号は変換しないとしましょう。この場合、「dog」であれば「grj」に、「cat」であれば「fdw」に変換されます。「to be, or not to be: that is the question.」であれば、「wr eh, ru qrwwr eh: wkdw lv wkh txhvwlrq.」となるわけです。なお、解読する場合には、逆方向に同じ文字数（今回の例であれば 3 文字分）ずらせばよいことになります。

[1)]クイズやパズルには似た暗号がときどき現れます。これを解くのはもちろん合法です。

　シーザー暗号では「ずらした文字数」がパスワード（暗号の世界の言葉で言えば「**鍵**」）に対応します。何文字ずらしたか知っている人は、多少手間はかかるものの、ともかく文章を解読できます。しかし、何文字ずらしたか知らない人や、そもそもシーザー暗号の原理を知らない人には、まったく意味をなさない文字の並びにしか見えないことになります。私たちの目標は、この鍵（つまりずらした文字数）を知らないとして、暗号化された文章（たとえば「wr eh, ru qrw wr eh: wkdw lv wkh txhvwlrq.」）だけから、それを暗号化した鍵を知ることです。できそうでしょうか？

6.2　シーザー暗号のプログラム

　鍵の解読方法は一旦おいておくとして、まずはシーザー暗号で暗号化するプログラムと、暗号文を鍵を使って普通に解読するプログラムを作成しましょう。
　いきなりプログラム全体を作るのは少し大変です。ここではモジュール化（4.4 節参照）の考え方に従い、まずは 1 文字だけ暗号化するプログラムを作ります。なお、以降は簡単のため、大文字はなくすべて小文字で入力されるとします。また、なお、「文字 z（変数 z ではなく）」を 'z' で表します。なお、このプログラムは 6.9 節の Python プログラムの 6–①の部分に対応します。以降のプログラムについても同様で、番号は 6.9 節のプログラムとの対応を表しています。

```
def 文字シーザー暗号 (文字, 鍵) :
  if 文字がアルファベットである :
    暗号文字番号 = 文字番号 (文字) + 鍵
    if 暗号文字番号 > 文字番号 ('z') :
      #z を超えてしまっているので a に戻る
      return 対応する文字 (暗号文字番号 − 26)
    else :
      return 対応する文字 (暗号文字番号)
  else :    #記号や空白の場合
    return 文字
```

「文字シーザー暗号」関数は、まず入力された文字がアルファベットかどうか
を調べます。アルファベットでない場合、つまり記号や空白の場合は、そのま
ま暗号化せずに返します。それ以外の、つまりアルファベットであった場合
は、少し複雑な処理になります。前提として、すべての文字にはその文字に対
応する「文字番号」が決まっています（アルファベットの場合**ASCII コード**
と呼ばれます）。たとえば a なら 97、b なら 98、c なら 99……というもので
す。これは、文字を数値、ひいては 0 と 1 の列で表すことで、コンピュータ
で扱えるデータとするために用いられています。いま、「文字番号」関数で文
字からその文字番号を知ることができ、また「対応する文字」関数で文字番
号に対応する文字が手に入るとしましょう。このとき、「文字番号 (文字) ＋
鍵」とすれば「文字」を「鍵」文字分ずらした文字の文字番号が手に入り、
「対応する文字 (文字番号 (文字) ＋鍵))」とすればその文字を実際に得ること
ができるはずです。しかし、残念ながらこれだけでは不十分です。たとえば
鍵が 3 の場合、x を暗号化すると z を超えるだけで a にはなってくれません。
そのため、鍵を足した後の文字番号が z の文字番号を超えているかどうかを
調べ、超えていた場合はアルファベットの総文字数である 26 だけ、文字番号
から引いています。

　ここまでできれば、シーザー暗号で暗号化するプログラムと復号するプロ
グラムを作るのは難しくありません。まずは暗号化するプログラムを示しま
す（6–②）。

```
def シーザー暗号 (文字列, 鍵) :
    結果 = ''
    for 文字 in 文字列 :
        結果 = 結果 ＋ 文字シーザー暗号 (文字, 鍵)
    return 結果
```

このプログラムでは、「文字列」変数中の各文字を「文字シーザー暗号」関数
で変換しています。「結果」変数には変換の結果が蓄積されてゆきます。「結
果」変数は最初は空っぽの文章（何も書いていない文章）である「''」から始
まり、毎回 1 文字ずつ書き加えられてゆきます。なお、Python では文字に
対して ＋ を行うと足し算ではなく連結が行われることを利用しています。

　シーザー暗号の解読もまったく同じプログラムでできます。鍵 k で暗号化した文書を解読する場合には、鍵を $26 - k$ として「暗号化」すれば大丈夫です。たとえば、「wr eh, ru qrw wr eh: wkdw lv wkh txhvwlrq.」を鍵 23 で暗号化すると無事に「to be, or not to be: that is the question.」が得られます。

6.3　総当たり攻撃による解読

　さて、シーザー暗号で暗号化された文章を解読するのは現代では簡単です。シーザー暗号は、アルファベットが 26 文字なので、鍵は 1 から 25 の 25 通りしかありません（0 や 26 は元の文章そのままになってしまうので鍵としては役立たずです）。となれば、25 通り全部試せばよいのです。手作業で 25 通りすべての鍵を試すのは大変ですが、コンピュータを使えば簡単です（6–③）。

```
def 総当たりシーザー暗号解読 (文字列) :
    for i in [1, 2, · · · , 25] :
        print('鍵が', 26 − i, 'の場合:', シーザー暗号 (文字列, i))
```

見てのとおり、「総当たりシーザー暗号解読」関数では、25 通りの鍵を全部「シーザー暗号」プログラムを使って試しています。試した結果は、`print` 関数（表 4.2 参照）で画面に表示しています。`print` 関数は、与えられた引数を画面に表示してくれる関数です。なお、鍵 i で解読できたとしたら、暗号化に使った鍵は $26 - i$ であることに注意してください。

　「総当たりシーザー暗号解読」関数に「wr eh, ru qrw wr eh: wkdw lv wkh txhvwlrq.」を与えると、図 6.1 のような結果になります。ざっと眺めれば、鍵が 3 で、文章が「to be, or not to be: that is the question.」であったことは明らかでしょう。それ以外は明らかに意味をなしていません。

　このように、ありうる可能性をしらみつぶしに全部調べて、暗号やパスワードを解読する方法を**総当たり攻撃**と呼びます。コンピュータは同じことをたくさん繰り返すのは得意中の得意なので、総当たり攻撃は暗号解読では最も基本的な方法にあたります。これで簡単に解読されてしまうシーザー暗号は実用上使い物にはならないのです。

鍵が 25 の場合: xs fi, sv rsx xs fi: xlex mw xli uyiwxmsr.

鍵が 24 の場合: yt gj, tw sty yt gj: ymfy nx ymj vzjxynts.

鍵が 23 の場合: zu hk, ux tuz zu hk: zngz oy znk wakyzout.

鍵が 22 の場合: av il, vy uva av il: aoha pz aol xblzapvu.

鍵が 21 の場合: bw jm, wz vwb bw jm: bpib qa bpm ycmabqwv.

鍵が 20 の場合: cx kn, xa wxc cx kn: cqjc rb cqn zdnbcrxw.

鍵が 19 の場合: dy lo, yb xyd dy lo: drkd sc dro aeocdsyx.

鍵が 18 の場合: ez mp, zc yze ez mp: esle td esp bfpdetzy.

鍵が 17 の場合: fa nq, ad zaf fa nq: ftmf ue ftq cgqefuaz.

鍵が 16 の場合: gb or, be abg gb or: gung vf gur dhrfgvba.

鍵が 15 の場合: hc ps, cf bch hc ps: hvoh wg hvs eisghwcb.

鍵が 14 の場合: id qt, dg cdi id qt: iwpi xh iwt fjthixdc.

鍵が 13 の場合: je ru, eh dej je ru: jxqj yi jxu gkuijyed.

鍵が 12 の場合: kf sv, fi efk kf sv: kyrk zj kyv hlvjkzfe.

鍵が 11 の場合: lg tw, gj fgl lg tw: lzsl ak lzw imwklagf.

鍵が 10 の場合: mh ux, hk ghm mh ux: matm bl max jnxlmbhg.

鍵が 9 の場合: ni vy, il hin ni vy: nbun cm nby koymncih.

鍵が 8 の場合: oj wz, jm ijo oj wz: ocvo dn ocz lpznodji.

鍵が 7 の場合: pk xa, kn jkp pk xa: pdwp eo pda mqaopekj.

鍵が 6 の場合: ql yb, lo klq ql yb: qexq fp qeb nrbpqflk.

鍵が 5 の場合: rm zc, mp lmr rm zc: rfyr gq rfc oscqrgml.

鍵が 4 の場合: sn ad, nq mns sn ad: sgzs hr sgd ptdrshnm.

鍵が 3 の場合: to be, or not to be: that is the question.

鍵が 2 の場合: up cf, ps opu up cf: uibu jt uif rvftujpo.

鍵が 1 の場合: vq dg, qt pqv vq dg: vjcv ku vjg swguvkqp.

図 6.1 「総当たりシーザー暗号解読」関数の実行結果例

6.4 総当たり攻撃の計算量

　アルファベット 26 文字のシーザー暗号は役に立ちませんでした。もっと
文字数の多い日本語ならどうでしょうか？　日本語なら、ひらがなだけでも

70 文字近くあります。カタカナも使えばさらに 2 倍あります。どのような順番に並べ、どう変換するかはさておき、漢字まで使えば数千文字はあります。どうでしょうか？

　残念ながら、数千文字あってもやはりシーザー暗号は使い物になりません。2.3 節でも説明しましたが、現代のコンピュータは、電気回路のスイッチを 1秒間に数十億回程度切り替えることができます。そのため、1 つの可能性を調べるのにどれくらいの時間がかかるかにもよりますが、1 秒間におおむね数十万から数千万の可能性を調べることができます。つまり、数千文字分ぐらいであれば、一瞬ですべて調べてしまいます。出力された数千通りの文章を人間が確認して「正しい文章」を判断するのは大変かもしれませんが、「明らかに正しくない文章」を事前に自動的に排除しておけば（たとえば辞書に載っていない単語が多数現れる文章を排除しておく）、実際に確認しなければならない候補はわずかでしょう。

　とはいえ、鍵の種類を増やすという発想は悪くありません。鍵の種類を猛烈に増やすことができれば総当たり攻撃は回避できます。たとえば、数字 1つを鍵にするのではなく、a から z までをそれぞればらばらに別の 1 文字に対応させることにして、その「対応表」を鍵にすることを考えます。一見大差なさそうに思えるこの変更は劇的な効果があります。a を対応させる文字は 26 通り、b を対応させる文字は a に使った物を除いて 25 通り……となるので、対応表の種類は $26 \times 25 \times \cdots \times 2 \times 1 = $ 約 4×10^{26} 通りあります。そうすると、たとえ 1 秒間に 1 億通り試したとしても、すべての鍵を試すには1000 億年以上かかります！　つまり、単純な総当たり攻撃は試すまでもなく無理です。

　プログラミングにおいて、以上のような見積もりは非常に重要です。情報分野の専門用語では、プログラムを実行した際にどの程度の時間がかかるかの見積もりを**計算量**と呼びます。たとえば、総当たり攻撃の計算量はありうる鍵の種類に比例します。今回の例でも現れたように、計算量を調べることで、その処理が現実的であるかどうかを判断することができます。そして、今回の総当たり攻撃の状況（日本語ではだめだが、アルファベットの対応表なら大丈夫）でも現れたように、計算量は私たちの直感とは結構異なります。そのため、プログラムを作った際は、その計算量もあわせて考える癖をつけ

ておくのが望ましいです。

6.5　頻度分析による解読

　さて、前節の分析のとおり、鍵の使い方を工夫すれば総当たり攻撃を回避することができます。しかしまだ安心は禁物です。総当たり攻撃ができなくなったとしても、「ある文字をある文字に変換する」というルールで暗号化する限り、解読はそれほど難しくないのです。

　最も有名な方法は頻度分析と呼ばれるものです。この方法は、「各文字が文中に出現する頻度はどんな文章でもだいたい同じ」という観察に基づいています[2]。たとえば英語であれば、e の出現頻度が最も多く、次に t と a が多く、続いて r と i と o が多い、というようなことが知られています。また、語頭（単語の最初の文字）であれば、t が最も多く、次に a、そして o と i が続くことが知られています。このような情報を使えば、たとえば「文中に多数現れるが語頭に現れない文字が e」「語頭に多く現れる文字が t」などと推測してゆくことができます。

　頻度分析には、文字の出現回数を数えて比較するために、ある程度長い文章が必要になります。同じ文字が数回しか現れないような短い文章では、それらの多い少ないはよくわかりませんし、偶然ある文字がたくさん登場してしまう可能性もあるからです。今まで考えてきた例では短すぎますので、ここでは以下の文章を考えます[3]。

> to be, or not to be, that is the question; whether 'tis nobler in
> the mind to suffer the slings and arrows of outrageous fortune,
> or to take arms against a sea of troubles, and by opposing end
> them

鍵 3 でシーザー暗号化すると以下の暗号文が得られます。

---

[2] 以下の頻度情報は英語版 Wikipedia（https://en.wikipedia.org/wiki/Letter_frequency）によります（2020 年 5 月 22 日参照）。

[3] 言うまでもないことですが『ハムレット』（W. シェイクスピア）の一節です。

wr eh, ru qrw wr eh, wkdw lv wkh txhvwlrq; zkhwkhu 'wlv qre-
ohu lq wkh plqg wr vxiihu wkh volqjv dqg duurzv ri rxwudjhrxv
iruwxqh, ru wr wdnh dupv djdlqvw d vhd ri wurxeohv, dqg eb
rssrvlqj hqg wkhp

この暗号文には w が 19 回、r が 18 回、h が 17 回現れます。また、語頭に
限れば、w が 11 回、r が 6 回、d が 6 回現れます。英語での各文字の出現頻
度と照らし合わせて考えれば、たとえば語頭に多い w が t、語頭に少ないが
全体的に多い h が e だと予想するのは自然ではないでしょうか[4]。もしシー
ザー暗号だとわかっているなら、この時点で鍵が 3 であることがわかってし
まいます。そうでなかったとしても、153 文字中 36 文字、つまり 2 割以上
が既に解読されてしまっていることになります。そうなってしまえば、たと
えば「wr（「t?」に対応）」という単語があるとすれば r は o だろう、「wkh
（「t?e」に対応）」なら k は（e でも o でもないなら）i か h だろう、と連鎖的
に推測してゆくことができます。

6.6 頻度分析のプログラム

それでは頻度分析のプログラムを作ってゆきましょう。頻度分析の要点は
各文字の出現回数を数えることです。これは以下のようなプログラムで実現
できます（6–④）。

```
def 出現回数 (文字列):
    結果 = [0] × 26
    for 文字 in 文字列:
        if 文字がアルファベットの場合:
            #アルファベットのみを数える
```

[4]なお、各文字の出現頻度の順番に従うとすれば、t の次に語頭にも全体的にも多い r が
a に対応しそうなものなのですが、実際には r は o に対応します。長い文章が与えられ
た場合には頻度分析は非常に強力なのですが、この程度の長さでは完璧ではありません。
とはいえ、r を a だとすると意味の通らない文章になります（たとえば文頭の wr が ta と
なり、明らかにおかしい）ので、推測が間違っていると気づくことはできます。

$$文字番目 = 文字番号 (文字) - 文字番号 (‘a’)$$
$$\#「文字」は何番目のアルファベットか？$$
$$結果 [文字番目] = 結果 [文字番目] + 1$$
$$\texttt{return}\ 結果$$

結果としては、a の出現回数、b の出現回数……という順番で z の出現回数までが並んだリストが得られます。このために、各文字について、その文字が a から数えて何番目のアルファベットかを求め、対応する結果を 1 増やしています。

なお、「出現回数」関数中の if 文には else が登場しません。実は Python では条件が成り立たなかった場合に何もしなくてよいなら else は省略できます。ここではこの機能を利用しています。

単語頭での出現回数も、「出現回数」関数を使えば簡単に作成できます（6–⑤）。

$$\texttt{def}\ 語頭出現回数 (文字列) :$$
$$語頭文字列 = ‘’$$
$$\texttt{for}\ i\ \texttt{in}\ [0, 1, \ldots, \texttt{len}(文字列) - 1] :$$
$$\texttt{if}\ i = 0\ または文字列 [i - 1] = 空白 :$$
$$\#語頭の場合$$
$$語頭文字列 = 語頭文字列 + 文字列 [i]$$
$$\texttt{return}\ 出現回数 (語頭文字列)$$

「語頭出現回数」関数は、語頭の文字のみからなる文字列を構成し、出現回数関数を呼んでいます。語頭かどうかは、「i が 0 かどうか（i が 0 なら文頭）」または「直前の文字が空白（単語の切れ目）かどうか」で判定しています。

　これらのプログラムの結果をどのように使って暗号を解読するかには、いろいろな可能性が考えられます。たとえばシーザー暗号だとわかっている場合には、1 文字だけでも対応がわかれば他の文字もすべて解読できるようになります。そのため、たとえば「語頭に多く出現する文字が t」と予想する[5]、などという方法が有効です。たとえば以下のようなプログラムになるでしょ

---

[5]ここで語頭出現回数を使っているのは、語頭の方が出現回数の偏りが大きいからです。

うか (6–⑥)。

```
def 頻度シーザー暗号解読 (文字列) :
  語頭出現 = 語頭出現回数 (文字列)
  総文字数 = 総和 (語頭出現)
  for i in [0, 1, . . . , 25] :
    if 語頭出現 [i] > 総文字数 × 0.05 :
      #5%以上の頻度で語頭に登場したので t かも？
      鍵 = 文字番号 (‘t’) − (文字番号 (‘a’) + i)
      if 鍵 < 0 :
        鍵 = 鍵 + 26
      print(‘鍵が’, 26 − 鍵, ‘の場合:’, シーザー暗号 (文字列, 鍵))
```

「頻度シーザー暗号解読」関数では、「語頭出現回数」関数で数えた出現回数を元に、出現頻度が 5%を超えたものについて、それが t だろうと仮定してシーザー暗号の解読を試みています。このとき、解読のための鍵は「i 文字目のアルファベットを t にするもの」なので、これらの差をとればよいのですが、「i 文字目のアルファベット」が t より後の文字、たとえば x だった場合、負の数になってしまいます。このような場合には、アルファベットの文字数である 26 を加えることで整合性を確保しています。

　「頻度シーザー暗号解読」関数は出現頻度が高い文字だけに注目しますので、全部試す「総当たりシーザー暗号解読」関数に比べ、人間が確認すべきものはかなり少なくなります。たとえば「wr eh, ru qrw wr eh: wkdw lv wkh txhvwlrq.」に対してこの関数を適用してみると以下のようになります。このような短い文章であっても、頻度分析が有益であることが見て取れるかと思います。

　鍵が 11 の場合: lg tw, gj fgl lg tw: lzsl ak lzw imwklagf.

　鍵が 18 の場合: ez mp, zc yze ez mp: esle td esp bfpdetzy.

　鍵が 23 の場合: zu hk, ux tuz zu hk: zngz oy znk wakyzout.

　鍵が 24 の場合: yt gj, tw sty yt gj: ymfy nx ymj vzjxynts.

　鍵が 26 の場合: wr eh, ru qrw wr eh: wkdw lv wkh txhvwlrq.

　鍵が 3 の場合: to be, or not to be: that is the question.

　なお、暗号化の方法がシーザー暗号ではなく、わかっていない場合、全自動ですぐに完全解読するというのは少々難しいです。この場合については本書では深入りはしないことにします。興味があれば、みなさんでいろいろと試してみてください。

6.7　頻度分析の計算量

　総当たり攻撃に比べて頻度分析はより現実的な解読方法と言えるでしょうか？　すこし計算量を比較してみましょう。

　頻度分析の処理は、大きく分けて以下の部分から構成されます。

- 各アルファベットの出現回数を数える部分（「出現回数」関数）
- 頻度の高いアルファベットから鍵を推測し解読を試みる部分（「頻度シーザー暗号解読」関数）

　各アルファベットの出現回数を数える部分では、基本的には暗号文の各文字がどのアルファベットなのかを確認しています。つまり、大雑把には「暗号文の長さ」に比例する時間がかかっています。一方、解読を試みる部分では、1 回の解読に「暗号文の長さ」に比例する時間がかかり、これを「出現頻度が高いアルファベット数」回繰り返します。以上を全部合わせると、全体では「(出現頻度が高いアルファベット数 ＋1) × 暗号文の長さ」に比例する時間、となります。

　思い返してみると、総当たり攻撃の計算量は、「鍵の候補の数 × 暗号文の長さ」に比例する時間でした。「出現頻度が高いもの」という形で「鍵の候補」を絞り込むのが頻度分析のポイントですから、当然「鍵の候補」よりは「出現頻度が高いアルファベット数」のほうが少ないはずです。以上の分析から、総当たり攻撃より頻度分析の方が確かに高速であることがわかります。なお、鍵の候補の数が膨大になってもアルファベット数が変わらないなら計算量が変わらない点、「出現頻度が高い」の基準を変えることで計算量をコントロールできる点も、頻度分析の長所です。

6.8　もう少し知りたい人へ

　本章では総当たり攻撃と頻度分析を用いたシーザー暗号の解読に取り組んできました。

　一般にパスワードを解読する場合、総当たり攻撃と辞書攻撃が最も基本的な方法となります。辞書攻撃とは、本人の名前や生年月日、動物や食べ物の名前など、パスワードに使いそうな言葉（またはその組合せ）をいろいろと試す方法です。辞書に載っている単語を順に試すイメージから「辞書攻撃」と呼ばれます。シーザー暗号の解読には使えませんが、せっかく暗号の解読方法を学んだのですから、ぜひ知っておいてください。逆に、あなたがパスワードを決める場合、総当たり攻撃で解読されそうなパスワード（短いパスワード）と辞書攻撃で解読されそうなパスワード（辞書攻撃で試されそうな言葉でできているパスワード）は避けるべきでしょう。

　今回は頻度分析をシーザー暗号の解読に使ってきましたが、文字や単語の出現頻度の解析は、コンピュータで日本語や英語などの文章を分析・生成する手法（専門用語では「自然言語処理」と呼びます）で広く使われています。特によく使われるのは「数単語の並びで出現頻度が高いものは何か（専門的には n-gram と呼ばれます）」というデータで、コンピュータが作る文章を自然な感じにするためなどに利用できます。たとえば、日本語の場合「価格が大きい」は少し不自然で「価格が高い」が普通でしょう。逆に「額面が大きい」は自然ですが「額面が高い」はちょっと不自然です。このような微妙な差異をコンピュータにいちいち覚えさせるのはかなり面倒です。事前に大量の文書から「価格」「額面」と「大きい」「高い」が連続して現れる事例の多寡を調べておけば、事例が多い方を出力することでより自然な文章を得ることができるわけです。

　このように、本章は実は「コンピュータセキュリティ」と「自然言語処理」の境界付近の話題を取り扱ったものになっています。どちらの分野にも面白い話がたくさんありますので、興味を持った方はそれら専門の書籍も学んでみるとよいでしょう。

6.9　本章で作成したプログラム

本章で作成した Python プログラムを図 6.2 と図 6.3 に示します。また、図
6.4 はこれらのプログラムを動かす例です。各節での内容との対応はほぼ明ら
かかと思いますが、以下の 3 点については注意してください。

- 変数 c の内容がアルファベットであるかは c.isalpha() 関数で判定し
  ています。
- 文字の文字番号は ord 関数で取得できます。逆に、文字番号に対応する
  文字は chr 関数で得られます。
- 複数の条件のどちらかが成り立っていればよい場合には or を使います。

```
def caeser_code_character(c, key):
  #「文字シーザー暗号」関数
  if c.isalpha():
    coded = ord(c) + key
    if coded > ord('z'):
      #z を超えてしまっているので a に戻る          6-①
      return chr(coded - 26)
    else:
      return chr(coded)
  else:   #記号や空白の場合
    return c

def caeser_code(s, key):
  #「シーザー暗号」関数
  result = ''
  for c in s:                                      6-②
    result = result + caeser_code_character(c, key)
  return result
```

図 6.2　シーザー暗号化プログラム

```
def caeser_decode_brute_force(s):
  #「総当たりシーザー暗号解読」関数
  for i in range(1, 26):
    print('鍵が', 26 - i, 'の場合:', caeser_code(s,i))    6-③

def histogram(s):
  #「出現頻度」関数
  result = [0] * 26
  for c in s:
    if c.isalpha():
      #アルファベットのみを数える
      num = ord(c) - ord('a')                             6-④
      result[num] = result[num] + 1
  return result

def word_head_histogram(s):
  #「語頭出現頻度」関数
  word_heads = ''
  for i in range(0, len(s)):
    if i == 0 or s[i-1] == ' ':
      #語頭の場合                                          6-⑤
      word_heads = word_heads + s[i]
  return histogram(word_heads)

def caeser_decode_frequency(s):
  #「頻度シーザー暗号解読」関数
  wh_histogram = word_head_histogram(s)
  total = sum(wh_histogram)
  for i in range(0, 26):
    if wh_histogram[i] > total * 0.05:
      #5%以上の頻度で語頭に登場したのでtかも？          6-⑥
      key = ord('t') - (ord('a') + i)
      if key < 0:
        key = key + 26
      print('鍵が', 26 - key, 'の場合:', caeser_code(s,key))
```

図 6.3 シーザー暗号解読プログラム（総当たり攻撃と頻度分析）

```
data = 'to be, or not to be, that is the question.'
encoded = caeser_code(data, 3)
print(encoded)
# 「wr eh, ru qrw wr eh: wkdw lv wkh txhvwlrq.」が表示される
decoded = caeser_code(encoded, 26 - 3)
print(decoded)
# 「to be, or not to be: that is the question.」が表示される
```

図 6.4　シーザー暗号化プログラムの使用例

第7章　婚活パーティでのカップリング

　あなたが婚活パーティを企画しているとしましょう。男女それぞれ20名ずつを集め、まずは自己紹介などをしつつ親交を深め、最後は20組の男女ペアに分かれて交流することにしました。さて、20組のペアはどのように作ればよいでしょうか？　参加者から誰とペアになりたいか希望を聞いたとしても、希望がうまく分散するとは思えませんから、これだけでは決められません。また、男性側からの希望がうまく分散したとしても、それが女性側からの希望どおりになっている可能性も低いでしょう。誰からも文句が出ないようにする方法はあるのでしょうか？

　本章で考えるのは、「2種類の集団の間でうまくペアを作る方法」です[1]。婚活パーティは一例に過ぎません。たとえば医療従事者の病院への割り振りや、学生のゼミへの割り振りなど、いろいろな場面で同様の問題が現れます。この問題については非常に面白い分析結果が知られています。本章ではプログラミングをしながらこの結果を紹介しようと思います。なお、具体的な Python プログラムについては順次示してゆくのではなく、最後に 7.7 節でまとめて掲載します。とはいえ、一度に全体を作ろうとすると大変ですので、関数ごとに作ってはテスト（4.8 節）するのがよいでしょう。

---

[1]なお、専門的には「安定結婚問題」ないしは「安定マッチング問題」と呼ばれています。

　以降の説明でも「婚活パーティ」を題材にしますが、これはあくまで説明のための例です。特に、以降の議論で現れる「男性」「女性」については、実際には「グループ A」「グループ B」程度の意味であり、現実の「男性」「女性」とは関係ありません。この点にはよく注意してください。

7.1　婚活パーティ問題のモデル化

　まず重要になるのはモデル化です。婚活パーティは現実のイベントですし、婚活パーティへの参加者も現実の人間ですから、コンピュータでそのまま扱うことはできません。さらに、「誰からも文句が出ないような」という目標は曖昧すぎてコンピュータの中で直接は表現できそうもありません。これらの要素を何とかモデル化して、コンピュータで解けるような問題、言い換えれば「答えがちゃんとある論理パズル」に落とし込んでやらないといけません。どうすればいいでしょうか。

　まず、婚活パーティへの参加者をモデル化しましょう。今回の分析で絶対に必要なのは、2 種類のグループのどちらに属するか（つまり性別）と、そして「どの人とペアになりたいか」の希望です。それ以外の要素、たとえば職業や趣味なども、現実の婚活パーティでは重要かもしれませんが、今回の目的には直接関係ありませんので、とりあえず無視します。希望は 1 人だけ挙げてもらうのでは不十分でしょう。すべての人が第一希望の人とペアになれるとは思えないのですから。ここでは、少々面倒にはなりますが、一番望ましい相手から順に、全員に対する完全な希望順位を提出してもらうことにしましょう。また、話が面倒になることを避けるため、同じ希望順位の相手はいないとし、男女は同数であるとしましょう。このようにモデル化すると、婚活パーティの参加者とは要するに表 7.1 のようなデータに対応することになります。なお、M_i で i 番目の男性を、F_j で j 番目の女性を、それぞれ表しています。

　次は「誰からも文句が出ない」という状況のモデル化を考えましょう。このために、逆に「どのような状況になれば文句が出るか」を表 7.1 の希望順位を例に考えてみます。

　M_0 は F_3 が第一希望ですから、この 2 人が組になっていたら、もちろん

表 7.1 婚活パーティ参加者のモデル化例

名前と性別	希望順位（左ほど希望順位が高い）
M_0	$[F_3, F_2, F_0, F_1]$
M_1	$[F_1, F_3, F_0, F_2]$
M_2	$[F_3, F_0, F_1, F_2]$
M_3	$[F_2, F_1, F_0, F_3]$
F_0	$[M_0, M_1, M_2, M_3]$
F_1	$[M_0, M_3, M_2, M_1]$
F_2	$[M_1, M_0, M_2, M_3]$
F_3	$[M_3, M_1, M_2, M_0]$

M_0 からは文句が出ません。もし、F_3 が M_3 と組になったとしたら、M_0 は文句を言いたくなるでしょう。しかし、M_3 は F_3 の第一希望なので、M_0 の文句に応えなければならない理由はありません。F_3 は満足しているのですから。F_3 が M_1 と組になったとしても、M_0 より M_1 の方が F_3 にとって好みなのですから、やはり M_0 の文句は無粋だと言えるのではないでしょうか。F_3 の希望より M_0 の希望を優先しなければならない理由はありません。

このような分析を一般化すると、本当にまずいのは以下のような場面だということがわかります。

- M_i は今の相手より F_j の方が好み
- F_j は今の相手より M_i の方が好み

このような状況になってしまうと、M_i と F_j にとっては、2人で今の相手とのペアを解消して新たに2人でペアになるのが、言うなれば「浮気」をするのが合理的になってしまいます。逆に、上記のような状況さえなければ、各人に少なからず不平不満はあったとしても、全体として組分けが崩壊してしまうようなことはないはずです。

上記のような「浮気が起こりそうな状況」がない組分けのことを「安定な組分け」と呼ぶことにします。以降の目的は、安定な組分けを求めるプログラムを作成することです。

7.2　Gale-Shapley の受入保留アルゴリズム

　安定な組分けの求め方としては、Gale と Shapley によって発明された
受入保留アルゴリズムが有名です。これは以下のようなものです。

1. 相手のいない男性は各々、既に断られた人以外で最も希望順位の高い女
   性に声をかけます。
2. 各女性は、声をかけられた男性の中で最も希望順位の高いの相手を「キー
   プ」し、他の人を断ります。既にキープしていた相手がいたとしても、よ
   り希望順位の高いの男性から声をかけられたなら、キープしていた相手
   を断ります。
3. 全員に相手が決まったら、つまりすべての女性が相手をキープしたら、
   組分けを確定します。そうでなければ 1 番に戻ります。

　表 7.1 のデータに対してこの方法を実際に試してみましょう。一見すると
少し複雑そうですが、ひとつひとつ見てゆけば難しくはありません。

1. まず最初に以下のようなことが起こります。
   (a) 男性は第一希望の女性に声をかけます。つまり、M_0 は F_3、M_1 は
       F_1、M_2 は F_3、M_3 は F_2 に声をかけます。
   (b) F_1 は M_1 を、F_2 は M_3 をキープします。F_3 は M_0 よりは M_2 が望
       ましいので、M_2 をキープし M_0 を断ります。
2. M_0 と F_0 はまだ相手が決まっていませんので、組分けはまだ確定してい
   ません。次は以下のようになります。
   (a) M_0 は第二希望の F_2 に声をかけます。
   (b) F_2 はキープしていた M_3 よりは M_0 の方が望ましいので、M_0 を
       キープし M_3 を断ります。
   (c) 結果、F_1 は M_1、F_2 は M_0、F_3 は M_2 をキープしています。
3. 今度は M_3 の相手がいなくなってしまいました。今度は以下のようにな
   ります。
   (a) M_3 は第二希望の F_1 に声をかけます。

(b) F_1 はキープしていた M_1 よりは M_3 の方が望ましいので、M_3 をキープし M_1 を断ります。

(c) 結果、F_1 は M_3、F_2 は M_0、F_3 は M_2 をキープしています。

4. 話はまだ終わりません。続いて以下のようになります。

(a) M_1 は第二希望の F_3 に声をかけます。

(b) F_3 はキープしていた M_2 よりは M_1 の方が望ましいので、M_1 をキープし M_2 を断ります。

(c) 結果、F_1 は M_3、F_2 は M_0、F_3 は M_1 をキープしています。

5. M_2 の相手がいなくなりましたので、まだ終われません。次は以下のようになります。

(a) M_2 は第二希望の F_0 に声をかけます。

(b) F_0 は M_2 をキープします。

(c) すべての男女に相手が見つかったので、今の組分けを確定します。

最終的には、M_0 は F_2 と、M_1 は F_3 と、M_2 は F_0 と、M_3 は F_1 と、それぞれ組になります。これは実際に安定な組分けになっています。確認してみてください。

7.3 受入保留アルゴリズムのプログラム

それでは受入保留アルゴリズムのプログラムを作成しましょう。このような複雑な処理については、一度に全部のプログラムを作るのは大変危険です。**モジュール化**（4.4節）の考えを採用し、部分ごとに分けて作成しましょう。

まずは、どのような「部分」が必要かを見るために、大雑把な構造をプログラムとして作ってみます。このときには、独立に作成できそうな「部分」はすでにできているものとしてプログラムを書くと見通しがよくなります。具体的には、以下のプログラムでは「声をかける」はまだ作成していませんが、この部分は適切に作られているものだと思って話を進めましょう。なお、このプログラムは 7.7 節の Python プログラムの 7–①の部分に対応します。以降のプログラムについても同様で、番号は 7.7 節のプログラムとの対応を表

しています。

```
def 受入保留 (希望順位):
    キープ = [無] × 女性の人数　#各女性がキープしている相手
    while「キープ」に「無」がある:
        「キープ」にいない男性を 1 人選び、これを M_i とする
        声をかける (M_i, キープ, 希望順位)
    return キープ
```

「受入保留」関数では「キープ」というデータを管理しています。これは、各女性がキープしている男性を表すもので、i 番目の要素が F_i のキープしている男性です。なお、誰もキープしていない場合には「無」が入っています。

　誰もキープしていない女性がいる限り、組分けは完成していません。そのため、このプログラムではキープされていない男性が女性に声をかけることを繰り返します。この繰り返しをプログラムするため、ここでは**while 文**を用いています。while 文は for 文同様に繰り返しを行うのですが、for 文が「与えられた要素をすべて処理するまで」繰り返すものだったのに対し、while 文では「ある条件が成り立っている間」繰り返しを行います。そして、この「条件」は if 文と同じように記述します。今回であれば、「キープ」に「無」がある間は繰り返しを行う、つまりすべての女性に相手が見つかるまで繰り返しを行うことになります。

　なお、7.2 節での説明では「相手のいない男性が一斉に声をかける」ようになっていましたが、このプログラムでは「相手のいない男性のうち誰か 1 名が声をかける」ようになっています。この違いは問題ありません。たとえば、M_1 と M_2 が F_3 に声をかけようとしているとして、2 人同時に声をかけても、M_1 が先に声をかけても、M_2 が先に声をかけても、結果は同じです。F_3 が M_1 と M_2 のうち希望順位の高い方をキープし、残りを断ることになります。

　次に、先ほどはあるものだとした「声をかける」関数のプログラムを作成しましょう（7–②）。

> def 声をかける $(M_i, キープ, 希望順位)$:
>   希望順位 $[M_i]$ から、最上位の女性 F_j を取り出す
>   if より好み $(F_j, M_i, キープ[F_j], 希望順位)$:
>   #M_i の声かけが成功した場合
>   キープ $[F_j] = M_i$

ここでも再び新しく声をかけてきた人の希望順位が今キープしている人よりも高いかどうかを判断する「より好み」関数はあるものとしてプログラムを作成しています。こうすることで、「声をかける」関数の構造はごく単純なものとなります。M_i は現在最も希望順位の高い女性（F_j）に声をかけ、F_j は自身の希望順位に基づいてキープ相手を判断します。なお、この関数は return で結果を返すのではなく「希望順位」と「キープ」を変更していることに注意してください。

最後に「より好み」関数を作成します（7–③）。

> def より好み $(F_j, M_i, M_k, 希望順位)$:
>   for M in 希望順位 $[F_j]$:
>   if $M = M_i$:
>   return True
>   if $M = M_k$:
>   return False

「より好み」関数は F_j にとって M_i のほうが M_k より希望順位が高いかどうかを調べます。このために、F_j の希望順位を上から順に調べ、M_i が出てきたら True、M_k が先だったら False を返しています。if 文などの条件で使われているのは True や False という真偽値であったことを思いだしてください（4.9 節）。なお、F_j のキープ相手がいない場合、M_k は実際には「無」ですが、「無」は希望順位中に現れないので問題ありません。

7.4 婚活パーティ問題の分析

受入保留アルゴリズムについて分析することで、婚活パーティ問題に対する面白い結果がわかります。

分析 1: どんな婚活パーティにも必ず「安定な組分け」がある

　婚活パーティの参加者から各人の希望順位を渡されたら、普通は頭を抱えてしまうでしょう。誰からも文句が出ないような組分けなんて不可能だと感じるのではないでしょうか。しかし、受入保留アルゴリズムは必ず「安定な組分け」を求めることができます。安定な組分けなら文句が出ないというわけではないかもしれませんが、少なくとも組分けが崩壊してしまうようなことはありません。

　「分析 1」の主張が正しいことを確かめるため、受入保留アルゴリズムがどんな希望順位に対しても必ず何らかの組分けを出力し、それが安定であることを確認しましょう。

　まず、受入保留アルゴリズムが必ず「組分け」を出力することを確認します。このためには、どの女性も、いつかは誰かをキープすることを確認すれば十分です。これは大雑把には以下のような議論からわかります。今、女性 F がキープしている相手がいないとしましょう。このとき、男女は同数ですので、必ず誰にもキープされていない男性がいるはずです。男性は希望順に女性に声をかけてゆくわけですから、キープされていない男性は究極的にはすべての女性に声をかけることになります。つまり、F から見れば、待ち続ければそのうち、まだキープされていない男性が必ず声をかけてきて、その人をキープすることになるはずです。

　次に、受入保留アルゴリズムから得られる結果が「安定」であることを、つまり「浮気」が起こりえないことを確認しましょう。

　いま、男性 M が、女性 F と浮気したいと考えたとします。M は自分の希望順に声をかけており、最終的な相手より F の方が希望順位の高いのですから、F には断られているはずです。F はなぜ M を断ったのでしょうか？　それは、M より希望順位の高い男性をキープすることに成功したからです。ということは、F は必ず M より希望順位の高い男性と組になっています。ですから、M の浮気の誘いに乗ることはないのです。

　逆に、女性 F が男性 M と浮気したいと考えたとします。F は声をかけてきた男性の中で最も希望順位の高い相手と組になっており、それより M の方が最も希望順位が高いのですから、M は F に声をかけていません。M はなぜ F に声をかけなかったのでしょうか？　それは、F より希望順位の高い

表 7.2 安定な組分けが複数ある希望順位

名前と性別	希望順位（希望順位が高い）
M_0	$[F_1, F_2, F_0]$
M_1	$[F_2, F_0, F_1]$
M_2	$[F_0, F_1, F_2]$
F_0	$[M_0, M_1, M_2]$
F_1	$[M_1, M_2, M_0]$
F_2	$[M_2, M_0, M_1]$

相手に受け入れてもらえたからです。そのため、M は F の浮気の誘いに乗ることはありません。

分析 2: 安定な組分けは 1 種類とは限らない

　もし安定な、つまり「浮気」が起こらない組分けが 1 種類しかないなら、それ以外の組分けは事実上ありえないと言ってよいでしょう。しかし、各人の希望順位が同じであっても、安定な組分けの可能性は複数ありえます。

　例として表 7.2 に示すような希望順位を考えましょう。これに対して受入保留アルゴリズムを実行してみますと、M_0 が F_1 に、M_1 が F_2 に、M_2 が F_0 に声をかけ、それぞれ組になって終了します。ところで、男女を逆にして受入保留アルゴリズムを実行してみるとどうなるでしょうか？　今度は F_0 が M_0 に、F_1 が M_1 に、F_2 が M_2 に声をかけ、それぞれ組になって終了します。受入保留アルゴリズムの性質から当然のことですが、これはどちらも安定な組分けです。

　いま、私たちは 2 種類の安定な組分けを見つけました。

（A）M_0 と F_1 を、M_1 と F_2 を、M_2 と F_0 を組にする

（B）M_0 と F_0 を、M_1 と F_1 を、M_2 と F_2 を組にする

これらはどちらでも大差ないと言えるものでしょうか？　よく見てください。（A）の場合、男性は全員第一希望の相手と組になっています。つまり、男性側にとってベストの組分けだと言えるでしょう。一方、（B）の場合、女性は全員第一希望の相手と組になっており、女性側にとってベストの組分けです。そう考えると、このどちらを選ぶかは結構深刻な問題です。男性はもちろん

前者を望むでしょうし、女性は当然後者を望むでしょう。つまり、安定な組分けを求めるだけで万事解決とは言えないのです。

分析 3: 受入保留アルゴリズムは声をかける側にとってベストの安定な組分けを求める

　では、安定な組分けが複数あるとき、受入保留アルゴリズムはどのような結果を出すのでしょうか。表 7.2 のケースを思い返してみてください。普通に実行したときは、(A)、つまり男性側にとってベストな組分けを出力しました。また、男女を入れ替えて実行したときは、(B)、つまり女性側にとってベストな組分けになりました。

　今回の例に限らず、受入保留アルゴリズムは必ず声をかける側（男性側）にとってベストな組分けを求めます[2]。これはおおむね以下のような理由です。男性側は希望順に声をかけます。その結果、明確な理由がある（女性側にとってより希望順位の高い相手と競合した）場合にのみ断られ、そうでなければ受け入れられます。一方で、女性は声をかけてきた相手からしか選べません。自分にとってより希望順位の高い相手と組になる可能性があったとしても、その相手が声をかけてこなければ話が始まらないのです。このように、男性と女性の立場には明確な違いがあり、声をかける側の方がより希望順位の高い相手と組になりやすい構造になっているのです。

分析 4: 受入保留アルゴリズムでは声をかける側に嘘をつくメリットはない、声をかけられる側には嘘をつくメリットがありうる

　先ほどの分析から、受入保留アルゴリズムを使う限り、声をかける側には嘘の希望順位を伝えるメリットはないことがわかります。正直に希望順位を答えておけば、最も望ましい結果が得られるのですから。しかし、声をかけられる側にとってはそうではありません。もっとよい安定な組分けがあったとしても、受入保留アルゴリズムに任せておくと悪い結果になってしまいかねません。なんとかして結果を変えようとするのは自然ではないでしょうか。

---

[2]実は、受入保留アルゴリズムの結果は声をかけられる側にとっては最悪の安定な組分けです。

表 7.3 嘘の希望順の申告が結果を変える例

名前と性別	希望順位（左ほど希望順位が高い）
M_0	$[F_0, F_1, F_2]$
M_1	$[F_2, F_0, F_1]$
M_2	$[F_0, F_2, F_1]$
F_0	$[M_1, M_2, M_0]$
F_1	$[M_1, M_2, M_0]$
F_2	$[M_2, M_0, M_1]$

　実際、声をかけられる側が嘘をつくことでより望ましい結果を得ることができる場合があります。表 7.3 を見てみてください。これに対して受入保留アルゴリズムを動かしますと

　　　M_0 と F_1 を、M_1 と F_2 を、M_2 と F_0 を組にする

という結果になってしまいます。F_0 にとっては第二希望、F_1 と F_2 にとっては第三希望の相手ですから、あまり嬉しくありません。これに対し、F_0 が第二希望と第三希望の順位を逆に、つまり希望順を $[M_1, M_0, M_2]$ と申告したとしましょう。すると、不思議なことに以下の結果が得られます。

　　　M_0 と F_1 を、M_1 と F_0 を、M_2 と F_2 を組にする

今度は、F_1 にとっては依然として第三希望の相手ですが、F_0 と F_2 にとっては第一希望の相手とペアになることができます。つまり、嘘の希望順位を伝えることで、より希望順位の高い相手とペアになることができたのです。

　もちろん、どのように嘘をつけばどんな結果になるかを前もって予想するのは簡単ではありません。とはいえ、声をかけられる側には嘘をつく動機がありうる、ということはわかっていただけるかと思います。

7.5 実社会の問題にプログラムを用いる際の注意

　7.4 節ではさまざまな興味深い結果を学びました。しかし、ここから安易に以下のような結論を導かないように注意してください。

- 周囲と十分相談していれば、浮気や不倫など起こらない

- 女性が男性を「キープ」するのは合理的
- 社会では男性の希望が優先的に通る
- 男性は概して正直だが、女性は往々にして嘘つき

今回考えた「婚活パーティ問題」は、間違っても現実の婚活パーティや結婚・恋愛そのものではありません。あくまで、特定の観点から「婚活パーティ」を**モデル化した**ものに過ぎないのです。モデル化して行った分析から、現実についての**仮説**をたてるのは悪くないでしょう。しかし、モデル化して行った分析から、現実についての**結論**を得ることは不可能です。モデル化の過程ではさまざまな要素を無視しますから、現実でもモデル化後と同じことが起こるとは限らないのです。

　実際、今回のモデル化はずいぶん乱暴でした。希望順位なんて現実にはそんなにはっきり決められるものではありませんし、その時々の気持ちによっても変わってしまいかねません。また、現実には男性だけがアプローチするわけではないですし、アプローチされた側もそうそうシステマティックに「キープ」「お断り」とできるわけでもありません。また、最初から参加者が全員決まっていて、男女も同数、全員フリーというのは婚活パーティですらかなり特殊な状況でしょう。ましてや、現実の恋愛模様では、そもそも「参加者」が誰なのかもはっきりしないまま、または流動的に変化してゆくような状況で、我々は恋をしたり別れたりしています。

　プログラミングによって得られた結論を現実に適用できないのは、今回の婚活パーティ問題特有の話ではありません。現実の問題にプログラミングを利用する際には、絶対にモデル化が必要になります。そして、モデル化次第で結論はかなり大きく変わります。プログラミングができるようになると現実のいろいろなことに使ってみたくなるのですが、そこから得られた「結論」の扱いは慎重にしてください。

　受入保留アルゴリズムから得られた結論は現実には直接適用できませんが、一方で受入保留アルゴリズム自体の性質は現実のものです。よって、現実の用途に受入保留アルゴリズムを使う場合には、それらの性質を活用できます。たとえば、受入保留アルゴリズムを使って人を組織に配属する場合、原則としては人を声をかける側、組織を声をかけられる側としてアルゴリズムを使

うべきでしょう。これは、声をかける側にとってベストの結果が出て、声を
かける側には嘘をつくメリットがないからです。組織ではなく人を声をかけ
られる側に回すと、自分の希望する組織に配属されるために、嘘の希望順位
を伝えてくるかもしれません。嘘をつく人が出始めると皆が疑心暗鬼になり
割り当てがまともに機能しなくなります。多くの場合は、組織の方が嘘をつ
く可能性もメリットも少ないですから、こちらを声をかけられる側に配置し
ておくのが安全なのです。

7.6　もう少し知りたい人へ

　本章の内容は Gale と Shapley によるオリジナルの論文の議論をなぞった
ものです。

　David Gale and Lloyd S. Shapley.

　College Admissions and the Stability of Marriage.

　American Mathematical Monthly, Vol. 69, No. 1, pp. 9–14, 1962.

60 年近く前の英語の論文ではありますが、内容は比較的平易でわかりやすい
ものです。情報系の研究に興味のある方はチャレンジしてみてはどうでしょ
うか。なお、Shapley はこれを含む一連の研究によって、ノーベル経済学賞
を受賞しています。

　今回考えた婚活パーティ問題にはいろいろな変種があります。たとえば「ルー
ムメイト問題」と呼ばれる問題では、男女の区別はなく、そのため誰と誰を
組にしてもよいことになっています。このように、少し状況設定を変えると、
問題の性質が大きく変化することが知られています。たとえば、ルームメイ
ト問題ではどんなに頑張っても安定な組分けができない場合があります。つ
まりルームメイトの方がカップルに比べて関係の維持が難しいのです[3]。

　今回の婚活パーティ問題とそれに対する受入保留アルゴリズムのように、
現実での意思決定や計画策定などに際して、モデル化やプログラミングなど

---

[3]ここまで読んできてくださった皆様には明らかかと思いますが、この一節はジョーク
です。モデル化された問題についての議論を、現実に対して安易に適用することはでき
ません。くれぐれも注意してください。

を駆使してよい方策を科学的に探すアプローチをオペレーションズ・リサーチ[4]と呼びます。受入保留アルゴリズムを面白いと思った人や、プログラミングを現実にうまく活かしたいという希望のある人は、オペレーションズ・リサーチに関する書籍を探してみるのもよいと思います。

7.7　本章で作成したプログラム

　図 7.1 に本章で作成したプログラムを示します。このプログラムは、本章の本文中での説明と少なからず異なっている部分があります。特に以下の点に注意してください。

男性・女性の名前について:　本文中ではわかりやすさのため「M_0」「F_2」といった形で参加者の名前を表記していました。プログラム中ではただの数字の方が扱いやすいため、男女とも数字で名前を表現しています。この結果、「M_0」と「F_0」は同じ「0」として扱われることになってしまいます。これは多少わかりにくいのですが、とはいえプログラム中で男性と女性はまったく異なる役割を担いますので、本質的な問題を引き起こすわけではありません。

希望順位について:　本文中では「希望順位」というひとかたまりを入力としていましたが、男性の希望順位と女性の希望順位はまったく異なる用途で使われます。そのため、実際のプログラム中では「男性の希望順位」を表す mpref と「女性の希望順位」を表す fpref の 2 つのデータとして与えています。これらはいずれもリストで、たとえば mpref[0] は「M_0 の希望順位を表すリスト」、fpref[2] は「F_2 の希望順位を表すリスト」となります。つまり、mpref と fpref はリストを要素とするリストです。

　なお、本文中で出てきた具体的な希望順位に対応する入力例を図 7.2・図 7.3・図 7.4 に示しています。特に図 7.2 には、このデータを実際に使った実行例も含んでいます。図 7.3・図 7.4 に示したデータも同様にして使うことができます。参考にしてください。ちなみに図 7.4 の fpref_fake は F_0 が希望

---

[4]英語の頭文字を取って「OR」とよく呼ばれます。

```
def deferred_acceptance(mpref, fpref):
  #「受入保留」関数
  keeps = [None] * len(fpref)  #各女性がキープしている相手
  while None in keeps:
    m = not_in_keep(keeps, len(mpref))
    propose(m, keeps, mpref, fpref)                              7-①
  return keeps

def not_in_keep(keeps, n):
  # 「キープ」にいない男性をひとり選ぶ
  return (set(range(0, n)) - set(keeps)).pop()

def propose(m, keeps, mpref, fpref):
  # 「声をかける」関数
  f = mpref[m].pop(0)  #希望順位最上位の女性を取り出す
  if prefer(f, m, keeps[f], fpref):                              7-②
    #男 m の声かけが成功した場合
    keeps[f] = m

def prefer(f, m1, m2, fpref):
  #「より好み」関数
  for m in fpref[f]:
    if m1 == m:                                                  7-③
      return True
    if m2 == m:
      return False
```

図 7.1 受入保留アルゴリズムのプログラム

```
mpref = [[3, 2, 0, 1], [1, 3, 0, 2], [3, 0, 1, 2], [2, 1, 0, 3]]
fpref = [[0, 1, 2, 3], [0, 3, 2, 1], [1, 0, 2, 3], [3, 1, 2, 0]]
deferred_acceptance(mpref, fpref)
# 実行結果は [2, 3, 0, 1]
# よって女 0 は男 2 と、女 1 は男 3 と、女 2 は男 0 と、女 3 は男 1 と組に
```

図 7.2 表 7.1 に対応する入力と使用例

```
mpref = [[1, 2, 0], [2, 0, 1], [0, 1, 2]]
fpref = [[0, 1, 2], [1, 2, 0], [2, 0, 1]]
```

図 7.3　表 7.2 に対応する入力

```
mpref = [[0, 1, 2], [2, 0, 1], [0, 2, 1]]
fpref = [[1, 2, 0], [1, 2, 0], [2, 0, 1]]
fpref_fake = [[1, 0, 2], [1, 2, 0], [2, 0, 1]]
```

図 7.4　表 7.3 に対応する入力

順位を偽った場合の入力に対応しています。

None について：　誰もキープしていないという状況を表すために本文中では
「無」というものを使いました。この代わりにプログラム中では None という
ものを使っています。None は Python で時々現れる値で、私たちから見て意
味のあるような結果がないことを表すために使います。

pop 関数について：　リストから 1 要素を取り出すために pop 関数を用いてい
ます。リスト x に対して x.pop() とすると、x の末尾の要素が取り出され、
x が短くなります。また、x.pop(0) とすると末尾ではなく先頭の要素が x か
ら取り出されます。

not_in_keep 関数について：　本文中では現れなかった not_in_keep 関数を
プログラム中では用いています。この関数はキープされていない男性を 1 人
選びます。この部分に本文中で深入りしなかったのは、対応するプログラム
が使っているプログラミング言語に（本質的でない意味で）大きく依存する
からです。Python でこれを実装する場合、「『男性全体の集合』と『キープさ
れている人の集合』を作り、差集合を求めて、そこから 1 人取り出す」とす
るのが簡便です。実際、not_in_keep 関数では、range(0，n) で男性全体に
対応するリストを作り、それを set 関数で集合にし、また keeps リストも同

様に集合にした上で、−で差集合を取り、pop 関数で 1 つ取り出しています。他の言語の場合は、集合に関する機能が使えなければ同じことはできませんし、また別のライブラリ等を使えばもっとうまくできるかもしれません。

## 第8章

指の数ゲーム

　本章ではちょっとしたゲームをする人工知能（AI）プログラムを作成します。考えるのは以下のようなゲームです。

- 2人で対戦します。先攻後攻を決め、お互いに両手とも1本ずつ指を出して（👆）始めます。
- 手番のプレイヤーは、自分のどちらかの手で、相手の手のうちどれかを叩きます。叩かれた手は、叩いた手の指の数だけ指が増えます。たとえば1本指の手（👆）で1本指の手（👆）を叩くと、叩かれた手は2本指（✌）となります。合計が5を超えた場合、5を引いた数になります。特に、合計が5ちょうど（✋）となると、指が0本（✊）になり、その手は消滅します。
- 相手の手を2本とも消滅させた方が勝ちです。

　私が子どもの頃に学校で流行っていたゲームなのですが、名前はよくわかりません[1]。とはいえ、名前がないと説明に困りますので、ここでは「指の数ゲーム」と呼ぶことにします。

　なお、このゲームのルールにはいくつかバリエーションがあります。たとえば、当時の私たちは以下のようなルールも考えていました。

- 「消滅」した手を叩くことで「復活」できる
- 「消滅」した手でも叩くことができる（何も起こらないので、事実上の「パス」）
- 相手の手だけでなく自分の手も叩くことができる

---

[1] 私たちは「やろうよ」と言いながら両手で1本指👆を出していました。名前を呼ぶ機会はなかったのです。

- 最初 1 本指からではなく好きな手の形から始められる

今回は前 2 つだけを採用しましょう。こうすると、消滅した手と消滅していない手を区別する必要がなくなり、プログラムを作るのが少し簡単になるからです。

　本章ではこのゲームの対戦相手をしてくれるプログラムを作成します。なお、内容はこのゲーム特有のものではなく、さまざまなゲームに普遍的に使えます。詳しい話は後ほど 8.7 節でさせてください。

　本章では全体を通して一連のプログラムを作ってゆきます。そのため、具体的な Python プログラムについては順次示してゆくのではなく、最後に 8.8 節でまとめて掲載することにします。とはいえ、かなり大きなプログラムになりますので、一度に全体を作ろうとするのは無謀です。関数ごとに作ってはテスト（4.8 節）するのがよいでしょう。

8.1　ゲームのモデル化

　ゲームといえども現実の物ではありませんので、コンピュータで扱う際にはモデル化（4.1 節参照）が必要です。特に、コンピュータには手も指もないので、コンピュータと対戦するときには人間相手と同じことはできません。

　まず、手と指をコンピュータでどう表現するかを考えましょう。指は数だけが問題なので、0 から 4 までの数字で表現すればよいでしょう。手は右手と左手がありますが、今回のゲームでは左右は関係ありませんから、「0 番目の手」と「1 番目の手」としましょう。こうすれば、リストで自然に手を表現できます。たとえばゲーム開始時の状態は $[1,1]$（👆, 👆）ですし、1 本の手が消滅しもう一本の手の指が 2 本の状態（✊, ✌）は $[0,2]$ となります。

　これをふまえて、「ある手で別の手を叩く」動作をプログラムしましょう。なお、このプログラムは 8.8 節の Python プログラムの 8–①の部分に対応します。以降のプログラムについても同様で、番号は 8.8 節のプログラムとの対応を表しています。

$$\text{def } 手を叩く (P_1, P_2, 叩く手, 叩かれる手):$$
$$指の数 = (P_1[叩く手] + P_2[叩かれる手]) \% 5$$

$$新\,P_2 = P_2\,のコピー$$
$$新\,P_2[叩かれる手] = 指の数$$
$$\mathtt{return}\ 新\,P_2$$

入力は、手を叩くプレイヤーの手の状況（P_1）、手を叩かれるプレイヤーの手の状況（P_2）、叩く手が P_1 の何番目か、叩かれる手が P_1 の何番目か、の4つです。前述のとおり、手の状況はリストで表します。たとえば、ゲーム開始時なら $[1,1]$ です。これをもとに、結果として P_2 がどうなるかを出力します。プログラムはほとんどゲームのルールそのままです。なお、「%5」の部分は、叩かれた指の数が5を超えた場合のために5で割ったあまりを計算しています（表 4.1 参照）。ちょっと不可解なところがあるとすれば、P_2 を直

```
def 指の数ゲーム () :
    P₁ = [1, 1]
    P₂ = [1, 1]
    for i in [0, 1, . . . , 19] :
        #20 回で引き分け
        P₁が「叩く手」と「叩かれる手」を選ぶ
        print(‘P₁ は手’, 叩く手, ‘で手’, 叩かれる手, ‘を叩きました’)
        P₂ = 手を叩く (P₁, P₂, 叩く手, 叩かれる手)
        if P₂がすべて 0 :
            print(‘P₁ の勝ち!’)
            return
        P₂が「叩く手」と「叩かれる手」を選ぶ
        print(‘P₂ は手’, 叩く手, ‘で手’, 叩かれる手, ‘を叩きました’)
        P₁ = 手を叩く (P₂, P₁, 叩く手, 叩かれる手)
        if P₁がすべて 0 :
            print(‘P₂ の勝ち!’)
            return
    print(‘引き分け!’)
```

図 8.1　指の数ゲームのプログラムの概要（8–②）

接書き換えるのではなく、新たなコピーを作ってそれを返値としている点です。実は、後ほど「先を読む AI」を作る際にこの方が楽なのです。どのように楽なのかという詳しい説明は後ほど行います。

　これを繰り返せば、とりあえず指の数ゲームとしては成立するようになります。具体的なプログラムを図 8.1 に示します。少し長くなりますが大したプログラムではありません。叩く手と叩かれる手を選び、手を叩き、決着がついていないか確認する、という手順を繰り返しているだけです。繰り返しは延々続けてもいいのですが、あまり長いと飽きてしまいますから、20 回で決着が付かなかったら引き分けとしています。なお、返値は必要ないので、return は何も値を返していません。

　叩く手と叩かれる手を選ぶ部分については具体的なプログラムを与えていません。プレイヤーが人間の場合は、現状を画面に表示した上で、人間に入力させることになるでしょう。たとえば以下のような関数となります。なお、P_1 が人間、P_2 がコンピュータとします（8–③）。

```
def 人間が手を選択 (P_1, P_2):
  print('あなた: ', P_1)
  print('あいて: ', P_2)
  print('叩く手を選んでください (0 か 1) ')
  叩く手 = 数字 (キーボードから入力 ())
  print('叩かれる手を選んでください (0 か 1) ')

  叩かれる手 = 数字 (キーボードから入力 ())
  return [叩く手, 叩かれる手]
```

ここでは、キーボードから入力する関数と、入力されたものを数字に直す関数を使ってプログラムを作成しています。これら 2 つを長さ 2 のリストに詰めることで 1 つの返値にまとめています。

　プレイヤーがコンピュータ、つまり AI の場合は、何かしらのプログラムによって選択することになります。高度なプログラムは後で考えるとして、以下のプログラムはとりあえず動作はします（8–④）。

```
def AI が手を選択 0(P₁, P₂) :
    叩く手 = ランダムに 0 か 1 かを選ぶ
    叩かれる手 = ランダムに 0 か 1 かを選ぶ
    return [叩く手, 叩かれる手]
```

この AI は何も考えません。とにかくでたらめに手を選ぶだけです。これだけでもとりあえずゲームを遊ぶことはできます。なお、具体的な実行例は章末の図 8.8 にあります。

8.2 1手読む AI

しばらく遊んでいると、さすがにつまらないと感じるようになってくるかと思います。たとえば、自分の指が 0 本と 2 本、AI の指が 0 本と 3 本という状況を考えましょう。AI の手番なら、もちろん 3 本指の手で 2 本指の手を叩けば勝ちです。しかしこんな場面でも、AI はでたらめに手を選びますから、0 本指の手を使ってくるかもしれません。いくらなんでもこの程度のことはわかって欲しいでしょう。

これをふまえ改善したプログラムを以下に示します（8–⑤）。

```
def AI が手を選択 1(P₁, P₂) :
    for 叩く手 in [0, 1] :
        for 叩かれる手 in [0, 1] :
            偽 P₁ = 手を叩く (P₂, P₁, 叩く手, 叩かれる手)
            if 偽 P₁ がすべて 0 :
                return [叩く手, 叩かれる手]
    return 必勝手なし
```

「AI が手を選択 1」関数は、とりあえず叩く手・叩かれる手の可能性を全部試し、すぐに勝つ手段が見つかったらそれを選択します。プログラムの構造は単純ですが、1 点だけ注意があります。先読みで手を叩いた結果は、「P_1」を更新するのではなく、「偽 P_1」に格納しています。これは、先読みはあくまで「叩いたふり」をするだけで、実際には叩いていないし、別の可能性も検討しなければならないからです。「P_1」を更新してしまうと、「これだとまず

い、別の手を選ぼう」となったときに以前の状況がわからなくなって困って
しまいます。なお、「手を叩く」関数で、入力を直接更新せず、新しいコピー
を作って返していたのもまったく同じ理由です。

「AIが手を選択1」関数をふまえると、AIの手番の部分のプログラムはこ
のようになるはずです（8–⑥）。

$$\text{def AI が手を選択}(P_1, P_2):$$
$$\text{候補手} = \text{AI が手を選択1}(P_1, P_2)$$
$$\text{if 候補手が「必勝手無し」でない}:$$
$$\text{return 候補手}$$
$$\text{return AI が手を選択0}(P_1, P_2)$$

まず「AIが手を選択1」関数を呼び出し、必勝手があるかどうかを確認しま
す。あればそれを選び、なければ「AIが手を選択0」関数ででたらめに選び
ます。

これで、AIが明白な勝ちを逃すことはなくなったはずです。

8.3 2 手読む AI

明白な勝ちを逃すことはなくなったとはいえ、まだAIの強さは少々物足
りません。たとえば、こちらの指が1本と2本、AIの指が0本と2本とい
う状況を考えましょう。このとき、2本指の手でこちらの1本指の手を叩い
てしまいますと、できあがった3本指の手で叩き返されて負けてしまいます。
このように明白な必敗局面も今のAIは見逃しています。

以下の「AIが手を選択2」関数は、明白な必敗局面以外の手だけを候補と
して返します（8–⑦）。

$$\text{def AI が手を選択2}(P_1, P_2):$$
$$\text{if } P_2 \text{がすべて0}: \quad \text{#既に負けている}$$
$$\text{return } []$$
$$\text{候補} = []$$
$$\text{for 叩く手 in } [0, 1]:$$
$$\text{for 叩かれる手 in } [0, 1]:$$

　　　　　　　　　偽 P_1 = 手を叩く $(P_2, P_1, 叩く手, 叩かれる手)$
　　　　　　　　　相手候補手 = AI が手を選択 1$(P_2, 偽 P_1)$
　　　　　　　　　if 相手候補手が「必勝手なし」:
　　　　　　　　　　　「候補」に [叩く手, 叩かれる手] を追加
　　　　　　return 候補

「AI が手を選択 2」関数では、手の可能性を列挙した後、その結果について**プレイヤーを逆転させて**「AI が手を選択 1」関数を呼びます。これによって、相手（つまりあなた）に必勝手があるかどうか、つまり AI にとって必敗かどうかを調べます。必敗であればその候補は避け、それ以外を「候補」変数に集めてゆきます。そして最終的にはその「候補」変数を返値とします。

　「AI が手を選択 2」関数は AI が必敗であれば空っぽのリストを返します。できる限り正確に「必敗」かどうかを判定するため、「AI が手を選択 2」関数はまず「自分が既に負けている（0 手で負ける）」かどうかを確認し、負けていれば即座に空っぽのリストを返します。この「既に負けているか」の確認は一見無駄そうに見えますが、これによって**「ちょうど 2 手で必ず負ける」**場合だけでなく、**「2 手以内で必ず負ける」**場合を検出できています。この違いは後ほどさらに長手数読むときに役立ちます。

　「AI が手を選択 2」関数は「AI が手を選択 1」の後に呼ばれるべきです。「AI が手を選択 1」関数が必勝手を発見した場合はそれを優先すべきだからです。「AI が手を選択 2」関数は必勝手を発見できなかった場合に必敗手を避けるためのものです。これをふまえると、「AI が手を選択」関数は以下のようになるでしょう（8–⑧）。

　　　　　　　def AI が手を選択 (P_1, P_2) :
　　　　　　　　候補手 = AI が手を選択 1(P_1, P_2)
　　　　　　　　if 候補手が「必勝手無し」でない :　#必勝
　　　　　　　　　return 候補手
　　　　　　　　候補手 = AI が手を選択 2(P_1, P_2)
　　　　　　　　if 候補手が空でない :
　　　　　　　　　return 候補手からランダムに 1 つ選ぶ。
　　　　　　　　return AI が手を選択 0(P_1, P_2)　#必敗

必勝手が見つからない場合、「AI が手を選択 2」関数が返した候補手の中から 1 つ選びます。ただし、候補が 1 つもなかった場合（つまり必敗の場合）には、「AI が手を選択 0」関数ででたらめに手を選んでいます。

8.4　3 手読む AI

さて、「AI が手を選択 2」では明らかな必勝局面と明らかな必敗局面を確認しました。しかし、この程度の先読みは人間でもそう難しくありません。より手応えのある AI にするためには、もう少し先を読んで欲しいでしょう。そこで「この手を選べば、次に相手（あなた）がどの選択肢を選んでもこちら（AI）が必勝」という状況を発見できるようにしましょう。

以下の「AI が手を選択 3」関数がこれを実現します（8–⑨）。

$$
\begin{aligned}
&\text{def AI が手を選択} 3(P_1, P_2): \\
&\quad \text{for 叩く手 in } [0, 1]: \\
&\quad\quad \text{for 叩かれる手 in } [0, 1]: \\
&\quad\quad\quad \text{偽 } P_1 = \text{手を叩く}(P_2, P_1, \text{叩く手}, \text{叩かれる手}) \\
&\quad\quad\quad \text{相手候補手} = \text{AI が手を選択} 2(P_2, \text{偽 } P_1) \\
&\quad\quad\quad \text{if 相手候補手が空}:\quad \text{\#相手が必敗} \\
&\quad\quad\quad\quad \text{return } [\text{叩く手}, \text{叩かれる手}] \\
&\quad \text{return 必勝手なし}
\end{aligned}
$$

プログラムの構造が、「AI が手を選択 1」関数と「AI が手を選択 2」関数を混ぜたようなものになっていることに気づいたでしょうか。この関数は「AI が手を選択 1」関数と同様、候補を列挙してゆき、必勝手を見つけた時点でそれを返します。必勝手を見つけるにあたっては「AI が手を選択 2」関数をプレイヤーを逆転させて呼んでいます。これは、「AI が手を選択 2」関数が「AI が手を選択 1」関数をプレイヤーを逆転させて呼んでいたのと同じ発想です。ただし、「AI が手を選択 2」関数では「必敗局面」の判定に使っていたのに対し、「AI が手を選択 3」関数では「必勝局面」の判定に使っているという違いがあります。具体的には、「AI が手を選択 2」関数が候補手なし、つまり相手の必敗だと判定したときに、自分の必勝だと判断しています。

　「AIが手を選択3」関数は「**3手以内**に必ず勝てる」状況であれば、必勝手を見つけることができます。つまり、「AIが手を選択1」関数の機能（「1手で勝てる」場合に必勝手を見つける）も兼ね備えています。これは、「AIが手を選択2」関数が「（2手ちょうどではなく）**2手以内**に必ず負ける」状況を判断してくれているおかげです。つまり、「AIが手を選択2」関数の、一見無駄に見えた「自分が既に負けているか」の判定がここで役立っているのです。

8.5　深い読みにかかる時間

　さて、「AIが手を選択3」で3手先まで確認することができました。同じように繰り返せば、4手先、5手先……と読み進めてゆくことができるはずです。しかも、これはプログラミングとしてはそれほど難しいことではないように思えます。「AIが手を選択2」関数と同様の構造で、「AIが手を選択1」関数の代わりに「AIが手を選択3」関数を呼べば、4手先の必敗局面を調べることができます。これを仮に「AIが手を選択4」関数と名づけるとしますと、「AIが手を選択3」関数と同様の構造で、「AIが手を選択2」関数の代わりに「AIが手を選択4」関数を呼べば、5手先の必敗局面を調べることができます。これを繰り返せばよいでしょう。たくさん関数を作るとなると面倒ですが、やっている計算の構造はだいたい同じなのですから、「何手先まで読むか」も引数に加えた一般的な関数を用意することもできそうです。そうすれば常に必勝手順が読み切れるのではないでしょうか？

　この考えは概念的には間違っているわけではありません。しかし実際に可能かと言われると少々怪しいです。ちょっと落ち着いて考えてみましょう。

　1手先を読むためにはどれくらい時間がかかるでしょうか？　4通りの候補手があるのだから、これを全部調べればよいでしょう。2手先はどうでしょうか。4通りの候補手それぞれに対し、その1手先（つまり4通り）を考えるのだから、$4 \times 4 = 16$通り調べることになります。3手先なら$4 \times 4 \times 4 = 64$通り、n手先なら4^n通りです。読む手数と調べるべき可能性の関係を表8.1に示します。

　では、何通りぐらいまでなら現実的な時間で調べられるのでしょうか。2.3節

表 8.1　読む手数と調べるべき可能性の関係

手数	1 手	2 手	3 手	5 手	10 手	15 手	20 手
可能性	4	16	64	約 1000	約 100 万	約 10 億	約 1 兆

の話を思い出してください。コンピュータは**クロック**に合わせて回路のスイッチを切り替えることで計算を進めるものでした。現代の標準的なコンピュータのクロック周波数は数 GHz で、つまり 1 秒間に数十億回スイッチを切り替えることができます。何回のスイッチ切り替えで 1 通りの可能性を調べられるかははっきりしませんが、仮に 1 秒間に 1 億通り調べられるとしましょう[2]。この場合、表 8.1 によると、15 手読むのには 10 秒、20 手読むのには 1 万秒（3 時間弱）かかります。つまり、15 手読むのがぎりぎり、20 手読むのは現実的ではないということです。

　このように、多くのゲームではコンピュータに深く先読みをさせようとすると、途端に長大な時間がかかるようになります。今回の「指の数ゲーム」は単純で、候補が 1 手あたり 4 通りしかありませんので、それでもずいぶん状況はましでした。将棋や囲碁、トランプゲームなどでは、1 手当たり何十通りも候補があるのも珍しくありません。その場合、ここまでやってきたような「全部調べる」やり方で先を読むのは、数手だけでもかなり厳しいのです。

　この話は 6.4 節で学んだ**計算量**の話と同じです。コンピュータは同じことを何度も行って可能性をしらみ潰しにするのは得意なのですが、それが現実的な時間で行えるかどうかは別です。6.4 節では、パスワード（鍵）の可能性が多いときには、それをしらみ潰しにするのは難しいと学びました。今回は、深くまで全部調べる形での先読みをさせるのは難しいということがわかりました。このように、コンピュータには、一見得意そうに見えてもうまくできないことが案外たくさんあるものなのです。

---

　[2]実際のところ、本章で示したプログラムの場合、1 秒間に 1 億通りを調べるのは（使っているコンピュータの性能にもよるものの）まず無理で、実際には 100 万〜1000 万通りぐらいでしょう。つまり、ここでは相当楽観的な見積もりをしています。

8.6　同一局面の結果を覚える

　さて、将棋や囲碁のようなゲームは難しいとしても、今回の「指の数ゲーム」ぐらいであれば、少し工夫すると必勝手順を読み切ることができます。

　基本的なアイデアは、「可能性がたくさんあるとしても、その中には『同一局面』がたくさんある」というものです。極端な例ですが、両者共に0本指の手があってお互いにその手で叩き合っている場合、何手進めても局面はまったく変わりません。そのため、そのような状況を先読みするのは意味がないはずです。それでは、局面は何種類あるのでしょうか。それぞれの手に5通り指の状況があり、手は合わせて4本あるのですから、可能性は$5 \times 5 \times 5 \times 5 = 625$通りです[3]。先ほど、コンピュータは1秒間に数十億回スイッチを切り替えられると説明しました。ということは、かなり悲観的に見積もっても、1秒間に数万通りを調べることはできるはずです。よって1秒以内に625通りすべての勝敗（または引き分け）を判定できそうです。

　とはいえ、このアイデアに基づいてプログラムを作るのは簡単ではありません。少し落ち着いて、どのようなプログラムを作る必要があるかを考えてみましょう。

　まず、今までのように単純に読み進めるだけではなく、「今までに既に調べた状況」があれば、その結果を覚えておいて再利用しなければなりません。このために、結果を覚えるためのデータ（仮に「勝敗」と呼ぶことにします）を用意しましょう。この「勝敗」は、両プレイヤーの手の指の本数に対し、その結果が既知であれば勝敗を答えてくれるとします。たとえば、P_1（手番のプレイヤー）が$[1,2]$、P_2（手番でないプレイヤー）が$[1,4]$のとき、勝敗$([1,2],[1,4])$とすると、結果が既知なら「（P_1の）勝」「（P_1の）負」「引き分け」、未知なら「未知」と答えてくれるものです。このデータを作り上げることができれば、つまりこのデータに「未知」がなくなれば、すべての局

---

[3]もう少し詳しく調べればさらに可能性を減らすことができます。たとえば、右手が2本指・左手が3本指という状況と、右手が3本指・左手が2本指という状況を区別する必要はありません。今回は既に十分可能性が少ないので、このような分析を詳しく行うことはしません。

面での勝敗がわかったことになります。

　「勝」と「負」しかなければ話はだいぶ簡単です。読み進めていけば必ず決着がつきますから、その結果を「勝敗」に記録しておけば大丈夫です。しかし「引き分け」の扱いは簡単ではありません。今回は話を簡単にするため、20 手先まで調べて勝敗がわからなければ「引き分け」としましょう。

　以上をふまえて、「勝敗」データを作り上げるプログラムを作ります。まずは大雑把な構造からです。ここでは elif というものを使います。これは else if の省略にあたるようなもので、それまでの if や elif の条件に合致せず、指定された条件に合致する場合、if と同様にインデントされた処理を実行します（8–⑩）。

```
def 勝敗判定 (P₁, P₂, 勝敗, 深さ) :
    if 勝敗 (P₁, P₂) が「未知」でない :
       結果 = 勝敗 (P₁, P₂)
    elif「P₁」が全部 0 :
       結果 = 負
    elif 深さ = 20 :
       結果 = 引き分け
    else :
       結果 = 先読み勝敗判定 (P₁, P₂, 勝敗, 深さ)
    勝敗 (P₁, P₂) に「結果」を記録
    return 結果
```

「勝敗判定」関数は、「P_1」の手番のときの勝敗を調べ、それを「勝敗」に記録します。なお、先を読まなければならない難しいケースは「先読み勝敗判定」関数に任せています。よって、この関数が調べているのは「20 手先まで調べてしまったか」「既に結果を知っているケースではないか」「既に負けていないか」という単純なものだけです。

　次に、「先読み勝敗判定」関数を作ります（8–⑪）。

```
def 先読み勝敗判定 (P₁, P₂, 勝敗, 深さ):
  可能性 = []
  for 叩く手 in [0, 1]:
    for 叩かれる手 in [0, 1]:
      偽 P₂ = 手を叩く (P₁, P₂, 叩く手, 叩かれる手)
      結果 = 勝敗判定 (偽 P₂, P₁, 勝敗, 深さ + 1)
      「可能性」に「結果」を追加
  if 「可能性」が「負」を含む:
    return 勝
  elif 「可能性」がすべて「勝」:
    return 負
  else:    #可能性は「勝ち」と「引き分け」が混在
    return 引き分け
```

この関数は、今まで AI のために作ってきたプログラムによく似ています。叩く手と叩かれる手の可能性を列挙し、一手先の可能性を作り、プレイヤーを入れ替えて勝敗判定を行い、その結果を「可能性」変数に蓄えます。「可能性」変数には、相手から見た勝敗が記録されています。そのため、「可能性」に1つでも「負」が含まれる場合、P_1 はその手を選べば勝てるので「勝」が結果となります。また「可能性」がすべて「勝」の場合、どの手を選んでも相手の勝ちなので結果は「負」、そうでなければ「引き分け」です。

作ったプログラムを AI に使わせるには、まず「すべて未知」の「勝敗」を用意し、勝敗判定 ([1, 1], [1, 1], 勝敗, 0) とすれば大丈夫です。こうすると、「勝敗」の中に「どの状況になれば勝ち・負けなのか」の完全な情報が保存されます。以降は、AI はこの情報を参照しながら、勝てる手ががあればそれを選び、負ける手があればそれを避けるように行動すればよいでしょう。このプログラムは「AI が手を選択 3」や「AI が手を選択 2」とだいたい同じものになります。興味がある方は取り組んでみてください。

こうやって作った AI は非常に強いでしょうか？ 確かに、全然勝たせてはくれないでしょう。しかし、8.4 節で作ったプログラムより非常に強いかと言われると、少々怪しいものです。

　「勝敗判定」関数で作った「勝敗」データを眺めてみるとわかるのですが、今回の「指の数ゲーム」は、実はほとんどの場合が「引き分け」です。具体的に言えば、「後一手で勝てる・負ける」という局面以外は、すべて「引き分け」に持ち込むことができるのです。これは、「0 本指の手で叩くことができる」というルールを採用したせいです。片手が 0 本になっても、「0 本指の手で叩く」ことで「パス」をすることができるために、なかなか負けないのです。そのため深く先読みをしたところであまり強くはなりません。先読みの有無が強さに影響するようにしたければ、終盤になると選べる手段が減ってゆくようなルールにしなければならなかったのです。

8.7　もう少し知りたい人へ

　本章では指の数ゲームという単純なゲームを考えましたが、使った方法は普遍的なものです。自分の手番と相手の手番で評価基準を逆転させつつ読み進め、同じ状況に遭遇したら過去の結果を利用する、というのは、ゲーム AI を作るうえでの最も基本的で重要な方法なのです。特に、囲碁や将棋などの、2 人で対戦し、必要な情報が両方のプレイヤーにすべて見えているゲームでは、まったく同じ方法が使えます。また、それ以外のゲームでもこのやり方は基本になります。たとえば、1 人で行うゲーム（パズルやソリティアなど）では、手番で評価基準を逆転する必要はないですが、それ以外は同じやり方でできます。3 人以上で行うゲームでは、勝敗の取扱に注意は必要ですが（あるプレイヤーの敗北は別のプレイヤーの勝利を必ずしも意味しない）、やはりそれぞれにとってのベストの選択を順に模索することで先読みができます。また、サイコロを振るなど、ランダムな要素のあるゲーム（多くのカードゲームやすごろくなど）では、各プレイヤーの選択だけでは次の状況が確定しないので話が少し難しくなりますが、やはり各プレイヤーの選択ごとに、起こりうる可能性を 1 つずつ吟味する（サイコロで 1 が出た場合、2 が出た場合……と検討する）ことで、先読みができます。各プレイヤーから見えない情報があるゲーム（麻雀や多くのカードゲームなど）でも同様に、見えていない情報がこれの場合……と考えることになります。つまり、ゲームごとに細部は異なりますが、基本的な先読みの方法はすべて本章で説明したやり方に基づ

いています。

　本文中でも説明しましたが、本格的なゲームでは最後まで読み切るのは（同じ状況を二度調べないようにしたとしても）現実的には不可能です。また「AIが手を選択」関数などのように、勝敗がすぐ決まる終盤だけ先読みをするのも、ゲームにはよりますが、普通はあまりよいやり方ではありません。本格的なゲームの場合、終盤にはゲームの趨勢が決まりかけていることが多く、そこから必死に先読みをしてもなかなか勝てないでしょう。そのため、多くの場合は、「勝敗が決まってないなりに有利不利を評価する基準」を何かしら与え、「その評価基準で最もよい値になる局面を探す」という方針になります。「指の数ゲーム」であれば、たとえば「消滅していない手の数が多いほど有利だろう」と考え、手の数によって有利不利を判定する——つまりできる限り相手の手を消滅させ自分の手を消滅させない方法を探すことにすれば、比較的序盤からでも先読みする意味が出てきます。このような、評価基準に基づいた先読みも、「勝敗」ではなく「評価基準での良し悪し」を使う点以外は、今回やったやり方とほぼ同じ方法でできます。

　どのように「有利不利の評価基準」を与えるかはゲーム次第ですし、またその AI の実力を大きく左右する部分でもあります。この評価基準の作成には、近年では**機械学習**の手法が使われることが多いようです。これは、「評価基準はだいたいこんなものにするとよいだろう」という大枠を決めておき、評価基準の詳細は実際の対戦データなどで最もよい結果が出るように決める方法です。具体的には、強いプレイヤーが実際に選んだ選択の評価値が高くなるように調整するとか、その選択を選んで勝利したらその選択の評価値を上げるとかをします。やっていることの複雑さは違えど、考え方としては第5章で何日単位の移動平均をとるか決定した過程（5.4 節）に似ています。ただ、機械学習を使うとしても、結局「だいたいの評価基準」は何かしら人間が与える必要があり、それをどのように与えるか次第で最終的な AI の実力は大きく変わってしまいます。

　もっと詳しくゲーム AI について知りたい人は、機械学習について学んでみるのがよいかと思います。ただし、実際に特定のゲームの AI を作ってみたい場合、そのゲームや似たゲームの AI がどう作られているか、先に少し調べてみるのもよいでしょう。先読みと評価基準をどう組合せるかはかなり

ゲームによりますし、また評価基準をどう決めるかもゲームごとにだいぶ異なります。先にその部分を知っておくことで、どのような機械学習技術を学べばいいのか（または学ばなくてもいいのか）の見通しが立てやすくなると思います。

8.8　本章で作成したプログラム

　図 8.2〜図 8.7 に本章で作成したプログラムを示します。図 8.2・図 8.3 は 8.1 節までのプログラム、つまり指の数ゲームの基本的な部分に対応します。図 8.4〜図 8.6 は 8.4 節までの内容をふまえた、先読みをするプログラムに対応します。また、図 8.7 は 8.6 節で作成した、勝敗を読み切るプログラムに対応します。さらに、図 8.8 にはこのプログラムの使用例を示してあります。これらのプログラムは、本文中での説明とおおむね対応しますが、いくつかの点で差異があります。

図 8.2 について

- 「P_2 のコピー」を作るところは player2[:] というプログラムとなっています。これは Python の機能で、指定されたリストのコピーを作ります。実はこれは 5.2 節で使ったリストの範囲切り出しの一種で、与えられたリストの全体を切り出すことでコピー作成を実現しています。

- 手を選択した結果を受け取るところでは、tap, tapped = ... という書き方をしています。これは、長さ 2 のリストに対して、最初の要素の値を変数 tap に、次の要素の値を変数 tapped に、それぞれ覚えさせる書き方です。

- プレイヤーの手が両方指 0 本であるかどうかを調べるため、lose 関数を用意しています。lose 関数では複数の条件が両方とも成り立つかどうかを調べる and を用いています。

```
def tap_hand(player1, player2, tap, tapped):
  #「手を叩く」関数
  num_fingers = (player1[tap] + player2[tapped]) % 5
  new_player2 = player2[:]
  new_player2[tapped] = num_fingers
  return new_player2
```
⎫
⎬ 8-①
⎭

```
def num_fingers_game():
  #「指の数ゲーム」関数
  player1 = [1,1]
  player2 = [1,1]
  for i in range(0,20):
    tap, tapped = human_select_hands(player1, player2)
    player2 = tap_hand(player1, player2, tap, tapped)
    print('P₁は手', tap, 'で手', tapped, 'を叩きました')
    if lose(player2):
      print('P₁の勝ち!')
      return
    tap, tapped = AI_select_hands(player1, player2)
    player1 = tap_hand(player2, player1, tap, tapped)
    print('P₂は手', tap, 'で手', tapped, 'を叩きました')
    if lose(player1):
      print('P₂の勝ち!')
      return
  print('引き分け!')
```
⎫
⎬ 8-②
⎭

```
def lose(player):
  #playerが負けているかどうかの判定
  return player[0] == 0 and player[1] == 0
```

図 8.2　指の数ゲームのプログラム

図 8.3 について

- プレイヤーからの入力を受け取るところでは input 関数（表 4.2 参照）を使っています。input 関数の結果は文字列なので、これに int 関数を使うことで数値に変換しています。

- ランダムに手を選ぶところでは、random ライブラリの random.choice 関数（表 4.3 参照）を使っています。これは、与えられたリストからラ

```
def human_select_hands(player1, player2):
    #「人間が手を選択」関数
    print('あなた:', player1)
    print('あいて:', player2)
    print('叩く手を選んでください（0 か 1）')      ⎫8-③
    tap = int(input())
    print('叩かれる手を選んでください（0 か 1）')
    tapped = int(input())
    return [tap, tapped]

import random

def AI_select_hands0(player1, player2):
    #「AI が手を選択 0」関数
    tap = random.choice([0,1])              ⎫8-④
    tapped = random.choice([0,1])
    return [tap, tapped]

def AI_select_hands(player1, player2):
    #「AI が手を選択」関数（「AI が手を選択 0」用）
    return AI_select_hands0(player1, player2)
```

図 8.3　手の選択プログラム（先読みなし）

ンダムに 1 つ要素を選んで返す関数です。

図 8.4〜図 8.6 について

- これらのプログラムを使う際には、それぞれ異なる AI_select_hands 関数を用いる必要があります。図 8.3 での関数定義の代わりに、そらぞれの図での関数定義を用いてください。
- 「必勝手無し」は None で表しています。None は意味のあるような結果がないことを表すときなどに Python でときどき使われる値です。
- 「候補手」への追加は append 関数を用いています。これはリストの末尾に要素を追加する組込み関数です。

```
def AI_select_hands1(player1, player2):
  #「AI が手を選択 1」関数
  for tap in [0,1]:
    for tapped in [0,1]:
      new_player1 = tap_hand(player2, player1, tap, tapped)
      if lose(new_player1):
        return [tap, tapped]
  return None

def AI_select_hands(player1, player2):
  #「AI が手を選択」関数(「AI が手を選択 1」用)
  candidates = AI_select_hands1(player1, player2)
  if candidates != None:  # 必勝
    return candidates
  return AI_select_hands0(player1, player2)
```

8-⑤

8-⑥

図 8.4 1 手先読みをするプログラム

図 8.7 について

- 「勝敗」データは長さ 625 のリストで表現しています。具体的な値の読み出し・書き込みには、P_1 と P_2 の状況をそれぞれの桁にした 5 進数を使っています。たとえば、P_1 が $[1,2]$、P_2 が $[0,3]$ であれば、$1 \times 5^3 + 2 \times 5^2 + 0 \times 5^1 + 3 = 153$ 番目の要素がその状況に対する勝敗を保存しています。これを毎回指定するのは面倒なので、set_result 関数と get_result 関数を用意しています。これ以外にも「勝敗」データの表現方法はいろいろある(多次元リストを使う、辞書を使うなど)のですが、どれを使っても今回のプログラムと比べて劇的に簡単にはなりません。

- 「勝」「負」「引き分け」「未知」はそれぞれ「1」「0」「−1」「None」で表しています。

- 「可能性」への追加には append 関数を用いています。

- リストの中に特定の要素が含まれるかどうかの判定には、これを実現する Python の機能である in を用いています。

- 本文中では「『可能性』がすべて『勝』ならば負け」と説明しましたが、プログラムを短くするため、代わりに「『可能性』に(『負』がなく)『引

```
def AI_select_hands2(player1, player2):
  #「AIが手を選択 2」関数
  if lose(player2):   #既に負けている
    return []
  candidates = []
  for tap in [0,1]:
    for tapped in [0,1]:
      new_player1 = tap_hand(player2, player1, tap, tapped)
      opponent = AI_select_hands1(player2, new_player1)
      if opponent == None:   #相手に必勝手無し
        candidates.append([tap, tapped])
  return candidates

def AI_select_hands(player1, player2):
  #「AIが手を選択」関数 (「AIが手を選択 2」用)
  candidates = AI_select_hands1(player1, player2)
  if candidates != None:  # 必勝
    return candidates
  candidates = AI_select_hands2(player1, player2)
  if candidates != []:
    return random.choice(candidates)
  return AI_select_hands0(player1, player2)   #必敗
```

8-⑦

8-⑧

図 8.5　2 手先読みをするプログラム

き分け』があれば『引き分け』」という判定を行っています。

- 末尾に使用例として、すべての手の指が 1 本から始めた場合のすべての状況の勝敗を変数 r に記録するプログラムも示してあります。変数 r からの結果の読み出しには get_result 関数を使ってください。

図 8.8 について

　図 8.8 では、下線部が私たちが入力する部分、それ以外はプログラムの出力です。最初に num_fingers_game() と入力するとゲームが始まり、以降は毎回、私たちは自分のどちらの手で相手のどちらの手を叩くかを選びます。「0」は 1 つ目の数に、「1」は 2 つ目の数に対応します。たとえば、[3,2] であれば、「0」の手の指が 3 本、「1」の手の指が 2 本です。

```
def AI_select_hands3(player1, player2):
  #「AIが手を選択3」関数
  for tap in [0,1]:
    for tapped in [0,1]:
      new_player1 = tap_hand(player2, player1, tap, tapped)
      opponent = AI_select_hands2(player2, new_player1)
      if opponent == []:  #相手が必敗
        return [tap, tapped]
  return None

def AI_select_hands(player1, player2):
  #「AIが手を選択」関数(「AIが手を選択3」用)
  candidates = AI_select_hands3(player1, player2)
  if candidates != None:  # 必勝
    return candidates
  candidates = AI_select_hands2(player1, player2)
  if candidates != []:
    return random.choice(candidates)
  return AI_select_hands0(player1, player2)  #必敗
```

8-⑨

8-⑧

図 8.6　3手先読みをするプログラム

```
def set_result(result, p1, p2, r):
  #「勝敗」への結果の記録
  i = p1[0] * 125 + p1[1] * 25 + p2[0] * 5 + p2[1]
  result[i] = r

def get_result(result, p1, p2):
  #「勝敗」からの結果の読み出し
  i = p1[0] * 125 + p1[1] * 25 + p2[0] * 5 + p2[1]
  return result[i]

def win_or_lose(player1, player2, result, depth):
  #「勝敗判定」関数
  if get_result(result, player1, player2) != None:
    #結果が既知
    r = get_result(result, player1, player2)
  elif lose(player1):
    r = -1 #負け
  elif depth == 20:
    r = 0  #引き分け
  else:
    r = lookahead(player1, player2, result, depth)
  set_result(result, player1, player2, r)
  return r

def lookahead(player1, player2, result, depth):
  #「先読み勝敗判定」関数
  possibility = []
  for tap in [0,1]:
    for tapped in [0,1]:
      new_player2 = tap_hand(player1, player2, tap, tapped)
      r = win_or_lose(new_player2, player1, result, depth + 1)
      possibility.append(r)
  if -1 in possibility:
    return 1 # 勝ち
  elif 0 in possibility:
    return 0 # 引き分け
  else:
    return -1 # 負け

r = [None] * 625  #結果格納用の配列の準備
win_or_lose([1, 1], [1, 1], r, 0)
#r にありうるすべての状況の勝敗を記録
```

8-⑩

8-⑪

図 8.7 勝敗を読み切るプログラム

```
num_fingers_game()
```
あなた: [1, 1]
あいて: [1, 1]
叩く手を選んでください（0 か 1）
0
叩かれる手を選んでください（0 か 1）
1
P_1 は手 0 で手 1 を叩きました
P_2 は手 1 で手 0 を叩きました
あなた: [3, 1]
あいて: [1, 2]
叩く手を選んでください（0 か 1）
0
叩かれる手を選んでください（0 か 1）
1
P_1 は手 0 で手 1 を叩きました
P_2 は手 1 で手 1 を叩きました
あなた: [3, 2]
あいて: [1, 0]
叩く手を選んでください（0 か 1）
0
叩かれる手を選んでください（0 か 1）
0
P_1 は手 0 で手 0 を叩きました
P_2 は手 1 で手 0 を叩きました
あなた: [3, 2]
あいて: [4, 0]
叩く手を選んでください（0 か 1）
1
叩かれる手を選んでください（0 か 1）
0
P_1 は手 1 で手 0 を叩きました
P_2 は手 0 で手 0 を叩きました
あなた: [4, 2]
あいて: [1, 0]
叩く手を選んでください（0 か 1）
0
叩かれる手を選んでください（0 か 1）
0
P_1 は手 0 で手 0 を叩きました
P_1 の勝ち!

図 8.8 `num_fingers_game()` の実行例

付録A Python プログラミングのための システム

　Python プログラムを動かすためには、そのためのシステム（特に Python インタプリタ）が必要になります。入手方法はいろいろありますが、本書では、Anaconda というフレームワークを導入し、その中の Jupyter Notebook というシステムを使うことをお勧めします。Anaconda をインストールすると、Python インタプリタだけでなく、プログラミングを補助する便利なツールやライブラリが一度に手に入りますので、特に初心者にはお勧めできます。

　以下では、Anaconda のインストール方法、および Jupyter Notebook の使い方について、簡単に説明します。

A.1　Anaconda のインストール

Anaconda は 2021 年 8 月現在では以下のような手順で入手できます。

1. Anaconda のウェブサイト（`https://www.anaconda.com/`）に行き、「products」の「Individual Edition」を選びます。
2. Download をクリックしてください。または、画面の下の方にある「Installers」から適切なものを選んでください。比較的新しいコンピュータなら「64-Bit Graphical Installer」を選ぶのが無難かと思います。
3. 後は標準的なインストールの手続きに従ってください。

インストールが成功した場合、Windows を使っている人であればスタートメニューのアプリケーション一覧に、macOS を使っている人であればアプリケーション一覧に、Anaconda（または Anaconda Navigator）が登録されているはずです。

図 A.1　Anaconda Navigator から Jupyter Notebook を選択

Anaconda がインストールできたら、Jupyter Notebook を使うことでプログラミングができます。Jupyter Notebook を起動するには、先ほど確認したアプリケーション一覧から「Anaconda Navigator」というものを選び、その中から Jupyter Notebook の「Launch」を選んでください（図 A.1）。

なお、Anaconda Navigator は Jupyter Notebook の起動以外にも使えます。特に、「Learning」を選ぶと現れる「Python Tutorial」と「Python Reference」は役に立つでしょう。「Python Tutorial」は Python 言語の公式チュートリアルで、プログラムの基本的な書き方が説明されています。また、「Python Reference」は公式のリファレンスマニュアルで、ライブラリ等が詳細に解説されています。どちらも最初は英語ですが、左上の「English」となっている部分から「Japanese」を選ぶことで日本語にすることができます。

なお、チュートリアルはこれまでに他のプログラミング言語を多少学んだことがある人向けだというのが、私の印象です。そのため、本書を学んだ後に、または学びながら、読み進めるのがよいかと思います。リファレンスマニュアルは非常によく整備されているのですが、それだけに初心者向けではありません。Python をある程度使いこなせるようになってから読むのがよいかと思います。

A.2 **Jupyter Notebook** の使い方

Jupyter Notebook は、Python プログラムを実行するためのインタプリタと、Python プログラムを作成・編集するためのシステムが一体になったものです。Python プログラムを、その動作を確認しながら少しずつ作るのには大変便利なので、最近広く使われています。インターネットを検索してもたくさんの情報が手に入るかと思います。

Jupyter Notebook は普段使っているウェブブラウザ内で動作します。起動すると図 A.2 のような画面となっているはずです。このままプログラミングを始めてもよいのですが、プログラム等のファイルの管理のためには、そのための適当なフォルダを用意したほうが無難でしょう。たとえば、Windows を使っている人であれば、デスクトップ（Jupyter Notebook 上では「Desktop」）やドキュメント（Jupyter Notebook 上では「Documents」）等のフォルダ内に、Python プログラミングのためのフォルダを新しく作り、そこへ Jupyter Notebook 上で移動してから（フォルダ名をクリックすることで移動できます）プログラミングを行うとよいでしょう。

新しくプログラムを作るときには右上の「New」から「Python3」を選びます。また、以前作ったプログラムを編集する場合には、そのプログラムの

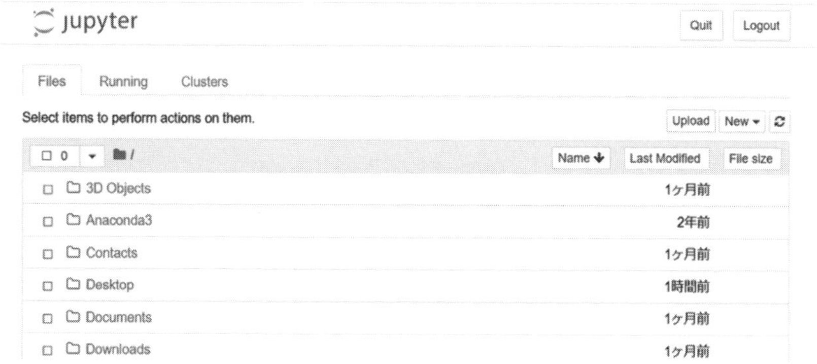

図 A.2 Jupyter Notebook の起動時の画面

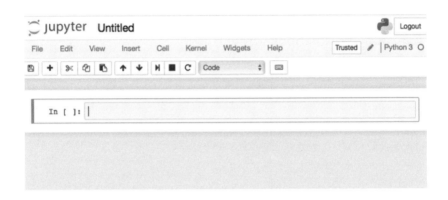

図 A.3 Jupyter Notebook のプログラム編集画面

名前をクリックします。

Jupyter Notebook でプログラミングを行う画面は図 A.3 のようなものです。中央の大きな四角（これを「セル」と呼びます）の中にプログラムを記入し、上方の ▶ ボタンをクリックすると、記入したプログラムが実行され、結果が画面に表示されます。

新しいセルの追加は ＋ ボタンで行います。プログラムの実行はセル単位で行いますので、大きなプログラムを作る場合には、ある程度のまとまりごとにセルを分けるとよいでしょう。

作ったプログラムを保存する場合には以下のようにします。まず上方「Untitled」とある部分をクリックして、プログラムに適切な名前をつけます。次に、「File」の「Download as」から「Notebook」を選びます。すると、使っているウェブブラウザの標準的なダウンロード動作に従って、作ったプログラムがダウンロードされます。後は必要に応じて、そのプログラムをプログラミングのためのフォルダに移動してください。

付録 B　Python 言語入門

　ここでは、Python プログラミングのための基本的な知識を説明します。辞書やマニュアルのような使われ方を想定しています。そのため、具体例や詳しい説明などはわずかです。また、本文と重複する内容も多くあります。必要に応じて、本文（特に第 4 章）も参照してください。

B.1　Python プログラムの構造

　Python プログラムでは「行」が 1 つの単位になります。そのため、単語の途中など中途半端なところで改行することは原則としてできません。

　各行は**インデント**と呼ばれる一定量の空白から始まります。インデントは、複数の行が 1 つのグループになるかどうかを表します。同じ量インデントされている行は 1 つのグループをなします。直前の行より多くインデントされている行は、大雑把には直前の行の一部分となります。特に、関数定義・if 文・for 文・while 文などではインデントは重要になります。たとえば関数定義では、冒頭の def が書かれている行のインデントより深いインデントの一連の行がその定義の中身に対応します。

　各行は、インデントに続いて、さまざまな単語が続きます。単語にはいくつかの種類があります。まず、**キーワード**と呼ばれる、プログラムの中で特別な役割をもつ単語があります。具体的には、def や for、if、else などがキーワードです。なお、キーワードと同じ名前の変数や関数を作成することはできません。次に、変数名や関数名があります。変数名や関数名は原則として、アルファベットから始まり、数字またはアンダースコア（_）が続くものです。名前の途中に空白やハイフン（-）などを含めることはできません。さらに、計算のための記号や、括弧などの記号も単語の一種です。計算のた

めの記号については、既に表 4.1 や表 4.5 に示しました。括弧については、本
書の範囲では、計算の順序をコントロールする丸括弧（）と、リストやその
要素へのアクセスを表す角括弧 [ ] が登場しています。また、括弧に似たも
のとして、文字列を表すクォーテーションマーク（' と"）があります。これ
については後ほど B.3.3 項で紹介します。

　特殊な記号として#があります。これは、以降行末までを**コメント**として扱
うことを表す記号です。コメントの中身はすべて無視されます。

　複数の単語が集まることで**式**と**文**が構成されます。式は計算を表すもの（そ
のため計算結果があります）で、文は処理を表すもの（計算結果はありませ
ん）という違いがありますが、普通にプログラムを書いている範囲では、正
確な区別をする必要はありません。たとえば 3 + 8 は式、for 文や if 文は
文です。Python の 1 行は原則として 1 文に対応します。

B.2　基本的な値

　Python でよく使われる値としては、数値、真偽値、そして None がありま
す[1]。

　Python で主に使われる数値には整数（int）と**浮動小数点数**（いわゆる
「小数」、float）があります。整数の計算には**誤差**がありませんが、浮動小
数点数の計算には誤差があります。

　整数と浮動小数点数の混在した計算では整数は自動的に浮動小数点数に変
換されます。たとえば、3 + 0.1 という式は 3.0 + 0.1 という式と実質的
に等価です。浮動小数点数を整数にするときには round 関数を使うのが便
利です。round 関数は小数点以下を四捨五入した整数を返します。たとえば
round(3.3) の計算結果は 3 です。

　条件分岐や while 文などで用いられる条件では、**真偽値**（bool）が確認さ
れます。真、つまり条件が成り立っている状況を True で、偽、つまり条件
が成り立ってない状況を False で表します。これら以外でも、Python では

---

[1]これら以外にも、関数、モジュール（ライブラリ）、例外（エラー）なども実は値なので
すが、値だと意識して使う機会はあまりありませんので、ここでは取り上げていません。

表 **B.1**　シーケンスに対する代表的な操作

記法	説明
s[i]	s の i 番目の要素
len(s)	s の長さ
s + t	s と t の連結
s * n	s を n 個連結
x in s	x が s 中にあるかの判定
s[i:j]	s の i 番目から j − 1 番目までの要素からなるシーケンス
s[:]	s のコピー

表 **B.2**　リストに対する代表的な操作

記法	説明
s[i] = x	s の i 番目の要素を x に変更
s.append(x)	s の末尾に x を追加
s.pop()	s の末尾の要素の取り出し
s.pop(n)	s の n 番目の要素の取り出し
s.clear()	s の要素をすべて削除

任意の値を真偽値の代わりに使うことができます。ほとんどの値は真として扱われますが、None、数値の 0（0 や 0.0）、空列（[] や '' など）などは偽とみなされます。

　None は「意味のある値がない」状況を表すために使う特殊な値です。None は return のない関数の返値などに現れます。具体的な使用例は 7.7 節や 8.8 節を参照してください。

B.3　シーケンス

　Python では一列に並んだひとかたまりのデータを扱うことがよくあります。これらは**シーケンス**と呼ばれます。代表的なシーケンスとしては、**リスト**、**範囲**、そして**文字列**があります。これらに対しては共通の操作が可能です。代表的なものを表 B.1 に挙げました。この中で s と t はシーケンスを表しています。

　シーケンスに対しては「何番目」という形で処理が指定されることがよくあります。このときには、先頭要素を 0 番目とし、以降 1 番目、2 番目……

と続きます。よって、n 要素からなるシーケンスでは、最終要素は $n-1$ 番
目です。

B.3.1 リスト

リスト（list）は最もよく使われるシーケンスです（4.10 節参照）。リス
トは何らかの要素が一列に並んだもので、角括弧で囲まれカンマで区切られ
た列として表現されます。たとえば、[3,9,2] は 3、9、2 がこの順に並んだ
リストです。

リストに対しては、シーケンス共通の操作に加えていくつかの操作が可能
です。表 B.2 に代表的なものを挙げました。要素を変更・追加・削除するよ
うな操作が可能であることがわかると思います。

リストの各要素はどんなものでも構いません。数値でも、真偽値でも、
None でも、リストや文字列でもよいのです。特に、要素がリストのリスト
は**多次元リスト**と呼ばれます。たとえば、x = [[2,5,3],[2,1,4]] とする
と、x はリストのリスト、つまり 2 次元のリストとなります。操作については
普通のリストと同様です。たとえば x[0] でその先頭要素、つまり [2,5,3]
が得られます。さらに、x[0][2] とすればその先頭要素の 2 番目の要素、つ
まり 3 が得られます。多次元リストは 7.7 節で婚活パーティ参加者の希望順
位を表すのに使いました。他にも、表計算・画像処理・ボードゲームなど、
さまざまな用途で多次元リストはよく使われますので、慣れておくとよいで
しょう。

複数の変数等が同じリストを参照していた場合、1 つのリストを変更した
つもりでも、多数のリストが同時に変更されてしまうようにみえる場合があ
ります。例として、以下のプログラムを見てください。

```
x = [1,2,3]
y = x
x[0] = 10
print(y)
```

このプログラムを実行すると [10,2,3] が表示されます。一見すると x の
みを変更したようですが、x と y は同じリストを参照しており、x が参照して

いるリストを変更したため、yもそれに伴って変更されてしまうのです。同様のことは、以下のようなプログラムでも起こります。

```
x = [1,2,3]
y = [x, x, x]    #y = [[1,2,3],[1,2,3],[1,2,3]]
y[0][0] = 10
print(y)
```

このプログラムを実行すると、[[10,2,3],[10,2,3],[10,2,3]] が表示されます。yの0番目の要素を変更したつもりですが、yの3つの要素はすべて同じリストを参照しているため、全部同時に変化してしまいます。

この動作は不自然に見えるかもしれませんが、これが役立つ場面もあります。特に、関数の引数としてリストを渡し、その関数がそのリストを変更する場合（たとえば7.7節のpropose関数）は、まさにこの動作を利用しています。その関数内で変数の値を変更しても、原則としては関数外に影響を与えないのですが、リストの変更であればそれを参照する他の変数にも影響を与えられるからです。一方で、この動作をされると困る場合もあります。そのときには、明示的にリストをコピーする必要があります。たとえば、以下のプログラムであれば、コピーが行われるので1ヵ所しか変更されません。

```
x = [1,2,3]
y = [x[:], x[:], x[:]]   #y = [[1,2,3],[1,2,3],[1,2,3]]
y[0][0] = 10
print(y)
```

このプログラムを実行すると、[[10,2,3],[1,2,3],[1,2,3]] が表示されます。

B.3.2 範囲

範囲（range）はリストに似ていますが、以下の点で違いがあります。

- 任意の要素の列ではなく、一定のルールに従って順に並んだ列を表します。
- 要素の変更・追加・削除ができません。
- 要素数にかかわらず、一定の時間で作成できます。たとえば、1兆要素の範囲もすぐに作成できます。

　範囲の作成には主に range 関数を使います。range(i,j) は、i から j − 1 までの整数が小さい順に並んだ列に対応します。特に、range(0,j) または range(j) によって作られる、0 から j − 1 までの整数が小さい順に並んだ列がよく使われます。

B.3.3　文字列

　文字列（str）は、日本語や英語などの「文字の並び」を表現するためのデータで、物の名前や文章などを表すのに使われます。

　文字列はシングルクォート（'）またはダブルクォート（"）で挟まれた文字の並びで表現されます。たとえば、'dog' と"dog"はどちらも d と o と g がこの順に並んだ文字列を表します。シングルクォートで挟まれた文字列中にはダブルクォートが、またダブルクォートで挟まれた文字列にはシングルクォートが、それぞれ使えます。たとえば、"'dog' 'cat'"は、シングルクォートを 4 つ含む 1 つの文字列を表します。

　文字列中にはエスケープシーケンスと呼ばれる特別な意味をもったものを含むことができます。特によく使われるものとして、¥n（macOS 等では \n）があります。これは改行を表します。たとえば、"dog¥ncat"は、dog の後に改行し、さらに cat が続く文字列を表します。

　文字列に対しては、シーケンス共通の操作に加え、文字の並びに特化した多くの操作が可能です。数が多すぎるためここで列挙することはしませんが、6.9 節で利用した chr 関数や isalpha 関数がその一例です。

B.4　エラーと例外

　Python プログラムが正常に実行できなかった場合には**エラー**が起こります。主なエラーについては表 4.4 を参照してください。

　構文エラー（SyntaxError、プログラムの書き方が文法規則に従っていないことによるエラー）以外のエラーは、Python では**例外**（Exception）と呼ばれるものに含まれます。例外とは、その名のとおり、プログラムの標準的な動作ではない、例外的な状況をプログラム中で簡便に表現し処理するための機構です。例外が発生し、しかもそれがプログラム中で適切に処理され

なかった場合はエラーになります。たとえば、

```
def div(x, y):
    return x / y

div(1, 0)
```

というプログラムを実行すると、以下のようなエラーメッセージが表示され
ます（具体的なエラーメッセージの文面は、プログラミングを行っているコ
ンピュータ等の状況で多少違うかもしれません）。

```
Traceback (most recent call last)
<ipython-input-1-eff56223b843> in <module>
      2    return x / y
      3
----> 4 div(1, 0)

<ipython-input-1-eff56223b843> in div(x, y)
      1 def div(x, y):
----> 2    return x / y
      3
      4 div(1, 0)

ZeroDivisionError: division by zero
```

　エラーメッセージは、発生した例外の名前（ZeroDivisionError）、その
例外の状況を説明する文章（division by zero）および Traceback から
なります。Traceback は、そのエラーが発生するに至った処理の履歴を表し、
下にゆくほど新しい（あとで実行された）処理です。たとえば、今回のエラー
であれば、「div(1, 0) という関数呼出しを行ったときに、return x / y
という文の実行で例外が発生した」ということがわかります。
　本書では例外はまったく扱いませんでしたが、多くのプログラミング言語
にある機構ですので、名前と大雑把な概念だけでも知っておくとよいかと思
います。

B.5   変数

変数は下記の形式の文によって定義 (**変数定義**) されます (4.3 節参照)。

```
変数名 = 式
```

変数定義文が実行されると、それ以降「変数名」は「式」の計算結果と等しい値を表すようになります。既に定義済みの変数に対し、変数定義文を再度実行すると、変数の値が変更されます。

定義された変数は、原則として、その変数を定義した関数内でのみ使えます。別の関数中では、たとえ同じ名前の変数があったとしても、まったく別の変数として扱われます。

B.6   関数の定義と呼出し

関数は下記の形式の文によって定義 (**関数定義**) されます (4.5 節参照)。

```
def 関数名 (変数名, 変数名,..., 変数名):
    関数本体
```

「関数名」に続く「変数名」はそれぞれ**引数**に対応する変数[2]です。「関数本体」は def の行より多くインデントされた 1 つ以上の文です。

定義した関数は下記の形式の式によって実行できます。

```
関数名 (式, 式,..., 式)
```

これを**関数呼出し**と呼びます。これが実行されると、各「式」の計算結果をそれぞれ対応する変数の値として、「関数本体」を実行します。実行中に「return 式」という形式の文に遭遇した場合、「式」の計算結果を**返値**として関数の実行を終了します。返値はその関数呼び出し式の実行結果となります。

---

[2]「仮引数」と呼ばれることもあります。

なお、関数が return に遭遇せずに終わってしまった場合、または return が「式」を伴わなかった場合、返値は None になります。

同じ関数は何度も呼び出すことができますが、それぞれの実行はまったく独立です。たとえば、ある関数呼出し時にある変数の値を定義したとしても、別の関数呼出しの際にその変数値を参照することはできません。

B.7 for 文

for 文は下記の形式です（4.11 節参照）。

```
for 変数名 in シーケンス:
    繰り返し実行される文
```

「繰り返し実行される文」は for より多くインデントされた（1つ以上の）文です。この文中では「変数名」を変数として利用できます。その変数の値としては、「シーケンス」の各要素が繰り返しのたびに1つずつ使われます。つまり、「繰り返し実行される文」は「シーケンス」の長さに等しい回数実行されます。

「シーケンス」としては range（B.3.2 項参照）を用いることが最も多いですが、リストや文字列などを用いることもできます。

B.8 if 文

if 文は下記の形式です（4.9 節参照）。

```
if 条件:
    その場合に実行される文
elif 条件:
    その場合に実行される文
        ⋮
elif 条件:
    その場合に実行される文
else:
    その場合に実行される文
```

　各「条件」は真偽値をとる式です[3]。「条件」が真になった場合、その直後の「その場合に実行される文」が実行されます。この場合には以降の部分は無視されます。「条件」が偽になった場合、その直後の「その場合に実行される文」は無視され、次の「条件」に進みます。どの条件も「偽」であった場合、else の直後の「その場合に実行される文」が実行されます。

　たくさんある「その場合に実行される文」のうち 1 つだけが実行されることに注意してください。複数の「条件」で真になるとしても最初の 1 つだけしか実行されません。

　if と elif と else は同じ量のインデントでなければなりません。また、「その場合に実行される文」は、if などよりはインデントの多い 1 つ以上の文でなければなりません。

　if 文では、elif および else は省略することができます。特に、else が省略された場合、それまでの「条件」のどれも真にならなかった場合には何も行われません。

B.9　while 文

　while 文は下記の形式です（7.3 節参照）。

```
while 条件:
    繰り返し実行される文
```

　if 文の場合と同様に「条件」は真偽値をとる式です。また、「繰り返し実行される文」は while より多くインデントされた 1 つ以上の文です。

　while 文ではまず「条件」を確認します。「条件」が真だった場合、「繰り返し実行される文」を実行し、再度「条件」の確認に戻ります。以降、「条件」が真であるかぎり、「繰り返し実行される文」を何度も実行します。「条件」が偽の場合は何も行いません。

---

[3] B.2 節で述べたとおり、実際にはあらゆる値が「条件」として使えます。ただし、プログラムがわかりにくくなることも多いため、原則として「条件」は真偽値となるようにしておくほうが無難です。

　「繰り返し実行される文」の実行が「条件」の真偽に影響しないと永遠に「繰り返し実行される文」を実行し続けてしまうことに気をつけてください。たとえば、以下のプログラムはどんなに時間がたっても終わりません。

```
while True:
    x = x + 1
```

　このこともあり、while 文は for 文に比べてやや扱いが難しいです。for 文では書きにくい処理に限って while 文を使うのが適切でしょう。

B.10　ライブラリ

　関数など、再利用可能な Python プログラムをまとめたものを**ライブラリ**（またはモジュール）と呼びます。

　Python プログラムは初期状態でも多くの関数等が利用可能です。これらは**組込みライブラリ**という特殊なライブラリで提供されています。組込みライブラリに含まれる主な関数については表 4.2 を参照してください。また、これまでに説明してきた、整数や浮動小数点数、None、リスト、範囲、文字列なども、実際には組込みライブラリが提供しているものです。

　組込みライブラリ以外のライブラリで定義されている機能は、明示的にそのライブラリを読み込まなくては使えません。ライブラリの読み込みは、以下の形式の import 文で行います（4.6 節参照）。

```
import ライブラリ名
```

　この文以降、「ライブラリ名」のライブラリに含まれる関数は、「ライブラリ名.関数名」で利用できるようになります。

　Python システムには多くのライブラリが標準添付されています。具体例については表 4.3 を、詳細についてはリファレンスマニュアルのライブラリリファレンス[4]を参照してください。

　Anaconda には、標準ライブラリに加えてさらに多くのライブラリが標準

---

[4]https://docs.python.org/ja/3/library/

添付されています。特によく使われるものとしては、たとえば以下のような
ものが挙げられます。

- Matplotlib: グラフ等を描画するためのライブラリ
- NumPy: python で高速に計算を行うためのライブラリ
- pandas: 表や時系列データなどを操作・分析するためのライブラリ

索引

［著者略歴］

東京大学大学院総合文化研究科准教授、博士（情報理工学）

2004 年　東京大学工学部卒

2006 年　東京大学大学院情報理工学系研究科　修士課程修了

2008 年　日本学術振興会特別研究員

2009 年　東京大学大学院情報理工学系研究科　博士後期課程修了

2010 年　東北大学電気通信研究所助教

2014 年　東京大学大学院総合文化研究科講師

2017 年より現職

著　書：『Python によるプログラミング入門　東京大学教養学部テキスト』
　　　　（2019 年、東京大学出版会）
　　　　『情報　第 2 版』（共著、2017 年、東京大学出版会）

考え方から学ぶプログラミング講義
Python ではじめる

2021 年 10 月 15 日　初　版

著　者　森畑明昌
　　　　もりはたあきまさ

発行所　一般財団法人 東京大学出版会
　　　　代表者 吉見俊哉

　　　　153–0041 東京都目黒区駒場 4–5–29
　　　　電話 03–6407–1069 ／ FAX 03–6407–1991
　　　　振替 00160–6–59964

印刷所　三美印刷株式会社
製本所　誠製本株式会社

Python によるプログラミング入門 東京大学教養学部テキスト アルゴリズムと情報科学の基礎を学ぶ	森畑明昌	A5 判/2,200 円
14 歳からのプログラミング	千葉 滋	A5 判/2,200 円
情報科学入門　Ruby を使って学ぶ	増原英彦 他	A5 判/2,500 円
MATLAB／Scilab で理解する数値計算	櫻井鉄也	A5 判/2,900 円
情報　第 2 版　東京大学教養学部テキスト	山口和紀 編	A5 判/1,900 円
コンピューティング科学　新版	川合 慧	A5 判/2,700 円
スパコンプログラミング入門 並列処理と MPI の学習	片桐孝洋	A5 判/3,200 円
並列プログラミング入門 サンプルプログラムで学ぶ OpenMP と OpenACC	片桐孝洋	A5 判/3,400 円
スパコンを知る その基礎から最新の動向まで	岩下武史・片桐孝洋・ 高橋大介	A5 判/2,900 円

ここに表示された価格は本体価格です．御購入の
際には消費税が加算されますので御了承下さい．